Sabine Friedrich und Volker Friebel

Kindern Mut machen

Sabine Friedrich und Volker Friebel

Kindern Mut machen

Hilfe bei Schüchternheit und Ängsten

BALANCE **ratgeber**

Sabine Friedrich und Volker Friebel

Kindern Mut machen. Hilfe bei Schüchternheit und Ängsten

1. Auflage 2011, korrigierter Nachdruck 2016

ISBN-Print 978-3-86739-067-5

ISBN-PDF 978-3-86739-750-6

Bibliografische Information der Deutschen Nationalbibliothek
Die Deutsche Nationalbibliothek verzeichnet diese Publikation in der
Deutschen Nationalbibliografie; detaillierte bibliografische Daten sind im
Internet über http://dnb.d-nb.de abrufbar.

Wenn Sie Erfahrungsberichte und fundierte Ratgeber zur Gesundheit
suchen, besuchen Sie unsere Homepage: www.balance-verlag.de

© BALANCE buch + medien verlag, Köln 2011
Der BALANCE buch + medien verlag ist ein Imprint der Psychiatrie Verlag
GmbH, Köln.
Lektorat: Uwe Britten, textprojekte, Eisenach
Umschlagkonzeption: GRAFIKSCHMITZ, Köln, unter Verwendung eines
Fotos von Karl-Heinz Hick/JOKER
Typografie: Iga Bielejec, Nierstein
Satz: BALANCE buch + medien verlag
Druck und Bindung: AZ Druck, Kempten

Kindern Mut machen ist ein Buch der Ermutigung, ein Leitfaden für Eltern von schüchternen oder ängstlichen Kindern – und mit seinen Mutmach-Geschichten auch ein Buch für die Kinder selbst. Uns geht es dabei nicht darum, Kindern Ängste einfach fortzuzaubern. Ängste sind ein wichtiger Teil der kindlichen Entwicklung. In der richtigen Dosis sind Angst und Schrecken sogar angenehm. Wir kennen das alle als »Nervenkitzel«.

Knecht Ruprecht wäre nur halb so willkommen, wenn er nur süße Sachen in seinem Sack mitbrächte. Die Rute ist nicht minder wichtig. Sie ist kein Beiwerk, sondern hat ihren eigenen Wert. Auf dem Jahrmarkt werden die Kinder nicht gezwungen oder mit Bonbons geködert, auch einmal die »schreckliche« Geisterbahn zu besuchen. Sie machen das freiwillig. Das Hochsteigen auf ein Klettergerüst bereitet oft zuerst ein Kribbeln im Bauch. Oben kann man dann triumphierend hinabschauen. Und Gespenstergeschichten gehen zwar meistens gut aus, aber nicht deshalb hören Kinder sie gern, sondern wegen des Gruselns davor.

Das gute Ende ist wichtig: Die Rute wird nicht wirklich eingesetzt, höchstens für einige spaßhafte Streiche, an den Gestalten in der Geisterbahn fährt der Wagen vorbei, das Erklimmen des Klettergerüsts gelingt und Gespenstergeschichten mit schlechtem Ausgang sind aus gutem Grund höchst selten. Angst ist also gut – wenn man sie überwindet. Überwundene Angst steigert unser Selbstbewusstsein. Das kennen auch wir Erwachsenen.

Angst gehört zur biologischen Grundausstattung aller Menschen. Jemand, der gar keine Angst empfinden kann, ist abnorm und lebt in Gefahr.

In dem grimmschen *Märchen von einem, der auszog, das Fürchten zu lernen* wird das gut auf den Punkt gebracht. Der jüngste Sohn, der keine Angst empfinden kann, wird gleich zu Anfang als dumm bezeichnet, als jemand, mit dem der Vater nur Sorgen haben wird. Und er bringt zunächst auch nur Unglück. In der richtigen Umgebung, einem verwunschenen Schloss, verschafft ihm seine Furchtlosigkeit dann allerdings die Hand der Prinzessin. Zufrieden sind alle aber erst, als er doch noch das Sichgruseln lernt.

Kinder und Erwachsene brauchen Ängste, um Gefahren erkennen zu können und diesen aus dem Weg zu gehen. So ist es etwa nicht klug, einen fremden Hund, der vor einem Geschäft angebunden ist, zu streicheln oder ihm gar an den Kopf zu fassen. Auch sollte man nicht einfach auf eine befahrene Straße laufen, ohne vorher zu schauen, ob sich ein Fahrzeug nähert. Angst hilft uns also, Schaden von uns abzuwenden, sie bewirkt Vorsicht.

Erhöhte Aufregung zeigt Kindern Grenzsituationen, Situationen, die es zu bewältigen gilt. Wenn die Aufregung zeitlich begrenzt und nicht zu stark ist, setzt sie die psychische und körperliche Leistungsfähigkeit manchmal sogar herauf. Ist ein Schulkind beispielsweise vor einer Klassenarbeit oder Prüfung aufgeregt, so fallen ihm nicht selten neue, hilfreiche Gedanken und Lösungswege ein. Wenn die Aufregung zu stark wird, wenn keine Bewältigungs- oder Fluchtmöglichkeiten vorhanden sind, kommt es zur Angst. Das Überwinden von Angst, also das Handeln trotz Angst, nennt man »Mut«. Mut ist nicht das Gegenteil von Angst, sondern etwas, das Angst voraussetzt. Freisein von Angst, das ist kein Mut. Nach den Gebrüdern Grimm wäre es einfach nur Dummheit. Als Psychologen würden wir es heute als einen emotionalen Defekt bezeichnen.

Wenn Angst allerdings zu stark oder der Situation, um die es geht, unangemessen ist, dann hilft sie nicht bei der Bewältigung, beim schrittweisen Vereinnahmen der Welt durch das Kind, dann hält sie zurück, drückt den Selbstwert, verhindert notwendige Entwicklungen, senkt die Aufnahmebereitschaft und auch die Befindlichkeit des Kindes bis hin zur Depression. Ängste richtig einzuschätzen und Hilfen zur Angstbewältigung zu finden – das ist das Thema unseres Buchs.

Ängste, die klar und offen zutage treten, sind manchmal sehr dramatisch (wie zum Beispiel Schulverweigerung), aber keineswegs immer die schwierigsten Probleme. Oftmals von viel größerem Einfluss auf das gegenwärtige und zukünftige Leben sind verdeckte Ängste, die sich hinter oberflächlich völlig unauffälligem, höchstens etwas schüchternem Verhalten verstecken können. Übermäßig schüchterne Kinder verdienen nicht weniger Aufmerksamkeit als Kinder mit sich offen zeigenden Ängsten, eher vielleicht noch mehr. Eben weil sie von selbst keine Aufmerksamkeit auf sich ziehen.

Dabei geht es nicht darum, ein forsches, völlig unbekümmertes, von allem unberührtes Auftreten des Kindes als Vorbild zu nehmen. Hier lohnt es sich wieder, in das grimmsche Märchen zu schauen, dessen Held erst dann ein richtiger Mensch wird, als er eben dieses Auftreten verliert. Im vorliegenden Buch wird Schüchternheit nicht als Übersensibilität verstanden (obwohl das in seltenen Fällen auch zutreffen mag), sondern als soziale Unsicherheit, als mangelnde Fähigkeit, soziale Signale richtig wahrzunehmen, zu beurteilen und auf sie angemessen zu reagieren.

Das ist auch ein Kennzeichen vieler offener Ängste. Angst und Schüchternheit haben manche Gemeinsamkeit. Viele unserer Empfehlungen sind für beides hilfreich.

Aber nicht alles wird bei jedem Kind helfen. Kinder sind zu verschieden, als dass allgemeingültige Empfehlungen immer gleichermaßen die so verschieden »geknoteten« Probleme lösen könnten. Für alle Knoten gleichermaßen hilft nur das Schwert – auf das wir aber lieber verzichten. Wir haben deshalb eine reiche Auswahl verschiedener Lösungsmöglichkeiten zusammengestellt. Wenn etwas davon nicht gelingt, dann überlegen Sie, weshalb es nicht ging, und versuchen Sie es dann vielleicht noch mal mit einer abgewandelten Lösung oder mit einem anderen Weg.

Nur zwei Dinge möchten wir für alle dringend empfehlen: Konsequenz und Geduld. Halbherzig durchgeführte Lösungsversuche führen nicht etwa zur halben, sondern zu gar keiner Lösung. Sie verschlechtern sogar die Ausgangsbasis noch, da alle Beteiligten nach einem misslungenen Lösungsversuch leicht dazu neigen, zu sagen: »Da hilft eben nichts.«

Und alles braucht seine Zeit. Lassen Sie sich und Ihren Kindern diese Zeit, dann wird sich zeigen, dass ein richtig durchgeführter Versuch letztendlich doch weniger Zeit braucht als zwanzig zu kurze und deshalb misslungene. Das ist so wie mit der Abkürzung, die auch nicht immer schneller zum Ziel führt.

Im ersten Teil des Buchs wird einiges zur Angst bei Kindern gesagt, wie sie sich entsprechend dem Alter des Kindes entwickelt, welche Formen es gibt und was sich gegen Angst tun lässt. Letzteres wird einmal aus der Perspektive der Eltern und einmal aus der des Kindes gezeigt. Dann folgen zwei Serien mit Mutmach-Geschichten für Kinder, die zweite speziell für jüngere, die erste auch für ältere Kinder. Sie eignen sich gut als Gutenachtgeschichten zum Vorlesen. Das Schulkind kann auch selbst darin schmökern. Wir haben darin einiges Wissen über Angst und ihre Bewältigung eingearbeitet. Kinder lernen gerne am Vorbild. In den Geschichten wird dieses genutzt. Vor allem in der zweiten Geschichtenserie sind auch starke Entspannungselemente enthalten.

Angst, das ist ein Gefühl von gleichzeitiger Erregung und Einengung, von »außer sich« und von »gedrückt« sein, manchmal auch von Verzweiflung, in die Enge getrieben sein. Angst hat man nicht, sondern man *ist* sie. Der eigene Wille scheint weniger beherrschend, instinktmäßige Anteile drängen sich vor. Das geht vom reinen Erleben bis zu körperlichen Symptomen: Herzklopfen, Atemnot, Kniezittern, Schwindel, Gesichtsblässe, Schweiß, die Kehle wird trocken und eng, Pupillen und Lidspalten weiten sich, es kommt plötzlich zu Harndrang und vermehrter Darmtätigkeit.

Auch das Verhalten eines Kindes wird von Angst stark beeinflusst. Flucht ist dabei nur etwas, das besonders ins Auge fällt. Weit häufiger und wichtiger ist das, was nicht so ohne Weiteres auffällt. Ein ängstliches Kind wird nämlich auf möglicherweise bedrohliche Situationen vermeidend reagieren, es wird nicht handeln, sich nicht zu handeln trauen, sondern sich zurückziehen oder sich verschließen.

Wann hat ein Kind Angst? Vor allem bei jüngeren Kindern ist das schwer zu bestimmen, da sie sich dazu noch nicht oder nur unklar äußern können. Auch ältere Kinder und Erwachsene neigen nicht zu langen Erklärungen, wenn sie Angst haben. Deshalb ist es hilfreich, sich mit äußeren Merkmalen zu beschäftigen, die auf Angst hindeuten. In einer Studie (LUGT-TAPPESER u. a. 1992) zur Angst bei Kindergartenkindern wurden beobachtbare Verhaltensweisen von Kindern festgehalten, die typischerweise Angst charakterisieren:

▫ Im *motorischen Verhalten* zeigt sich ein Zurückgehen, Zurückweichen, Sichabwenden, eventuell Flüchten, im Sitzen
ein Zurücklehnen. Auch wenn kleine Kinder länger als etwa
drei Sekunden unbeweglich bleiben, gilt das als mögliches
Kennzeichen für Angst.

▫ In der *Mimik* ist der Blick auf den Boden charakteristisch (außer dort befindet sich etwas, das das Kind anschauen möchte),
natürlich auch Weinen oder das Verziehen des Gesichts wie
zum Weinen.

▫ In *Körperhaltung und Gestik* sind mögliche Kennzeichen:
gesenkter Kopf, abgewendetes Gesicht, jemanden mit Händen
abwehren oder zurückweisen, scharren oder trappeln. Auch
Beine-Baumeln kann ein Kennzeichen sein.

▫ In der *Selbstbeschäftigung* können sich rhythmisches Schaukeln, Sichwiegen oder Sichdrehen zeigen (außerhalb eines
Spiels). Auch: mit den Händen spielen, Haare zurückstrei-
chen oder sie zu Wirbeln drehen, sich kratzen. Bei kleinen
Kindern auch saugen, nuckeln, lutschen, und zwar sowohl
an Objekten als auch an eigenen Körperteilen. Auch wenn
das Kind mit Objekten, beispielsweise Bauklötzen, nur he-
rumfummelt, ohne eigentlich zu beachten, was es da macht,
kann das ein Anzeichen für Angst sein.

▫ In der *sozialen Interaktion* kann es ein Merkmal von Angst
sein, wenn das Kind anderen beim Spiel nur zuschaut, ohne
sich selbst zu beteiligen. Auch wenn der Blick mehrere Sekunden lang ungerichtet ins Leere geht, nirgends haften bleibt,
obwohl andere Kinder da sind, ist das ein Zeichen. Und wenn
trotz vorhandener Kinder und Spielangebote der Blick häufig zu Erwachsenen geht oder das Kind sich an Erwachsene
wendet (etwa an die Erzieherinnen im Kindergarten), kann

das ein Zeichen von Angst sein, im Sinne von Schutzsuche, um sich des Schutzes zu versichern. Häufiges Allein-Spielen, obwohl andere Kinder da sind, spricht ebenfalls für Angst. Ebenso, wenn das Kind gegenüber anderen Kindern immer nachgibt; anderen Kindern Dinge, mit denen es spielt, immer ohne Weiteres überlässt bzw. sich nicht wehrt, wenn ein anderes Kind ihm etwas wegnimmt. Ist ein Kind immer nur still, kann dies ebenfalls für Angst sprechen.

Abwendung und Distanzierung, Ablenkung bzw. Konzentration auf das Bekannte und Harmlose, Suche nach Schutz: Diese übergreifenden Kategorien finden sich in den Verhaltensmerkmalen immer wieder.

Allerdings: Zeichen sind eben nur *Zeichen* – sie können etwas bedeuten, müssen es aber nicht. Alle diese Merkmale können – einzeln – vorliegen, ohne dass ein Kind deshalb Angst haben müsste oder sozial unsicher wäre. Wenn sich solche Anzeichen aber sehr häufen und gerade in bestimmten Situationen immer wiederkehren, dann kann davon ausgegangen werden, dass das Kind Angst hat bzw. sich bedroht fühlt, auch wenn es sich selbst nicht klar dazu äußern kann.

Als bedrohlich kann dabei vom Kind vielerlei erlebt werden: fremde Menschen, Dinge oder Umgebungen. Auch die vom Kind erwartete Reaktion anderer auf sein Handeln können es ängstigen, Reaktionen etwa, die als Kritik an ihm, als Missbilligung oder Zurückweisung ausgelegt werden können.

Wenn ein Kind bestimmte Situationen vermeidet, scheint das zunächst nicht besonders besorgniserregend. Es bringt sich damit aber um die Möglichkeit, zu lernen sowie eigene Fähigkeiten zu erwerben und weiterzuentwickeln. Und das wirkt auf Ängste verstärkend, denn Angst hat man eben meist nicht vor dem Bekannten, Einschätzbaren, sondern vor dem, was man nicht kennt, was man nicht einschätzen kann.

Angst führt außerdem zu einem Verhalten, das es Kindern erschwert, soziale Fertigkeiten zu erwerben, auch wenn sie die Situation gar nicht vermeiden. Ängstliche Kinder neigen nämlich dazu, sich häufig Aufgaben zu stellen, die entweder zu schwer oder zu leicht für sie sind. Zu schwer – das führt zu vermehrten Misserfolgen und drückt nieder. Aber auch zu leichte Aufgaben sind nicht günstig. Sie werden zwar bewältigt, das Kind hat also ein Erfolgserlebnis – aber es lernt wenig über die eigenen Fähigkeiten dazu. Wenn ein Kind immer wieder den gleichen Turm mit seinen Bauklötzen baut, wird der entweder immer zusammenfallen (wenn er zu schwer ist) oder immer stehen (wenn er zu leicht ist). Etwas über Türme und Bauklötze und wie es selbst damit gestalten kann, erfährt das Kind nach den ersten Malen so nicht mehr. Auch das ist ein Charakteristikum ängstlicher Kinder.

Kinder sind ab dem Vorschulalter sehr darauf aus, ihre Fähigkeiten (und deren Grenzen) auszuloten. Das ist für ihre weitere Entwicklung auch nötig. Und deshalb ist es wichtig, dass sie sich in einem mittleren Schwierigkeitsbereich Aufgaben suchen. Dort haben sie gute Chancen, eine Aufgabe zu bewältigen – und die Bewältigung ist aussagekräftig.

Vor allem nach Misserfolgserlebnissen neigen ängstliche Kinder zu einem Wechsel zwischen besonders leichten und besonders schweren Aufgabenstellungen. Nach Erfolgen neigen sie zu rigidem, zu besonders starrem Verhalten: Sie wählen eine Aufgabe, die sich von der vorhergehenden kaum unterscheidet. So werden sie höchstwahrscheinlich nicht enttäuscht, lernen aber auch nichts hinzu. Ängstliche Kinder schätzen überdies einen Erfolg tendenziell weniger positiv, einen Misserfolg aber negativer ein als wenig ängstliche Kinder.

Bei ängstlichen Kindern ist daher eine Erziehung, die ihre Selbstständigkeit fördert, besonders wichtig. So erwerben sie eigene Fähigkeiten, um mit der Welt umzugehen und mit anderen zusammenzuleben. Werden ängstliche Kinder daran gehindert, sich mit ihrer Umwelt aktiv auseinanderzusetzen, fördert das ihr Vermeidungsverhalten – und damit wieder ihre Ängstlichkeit. Ängstliche Kinder neigen schon von sich aus dazu, schwierige Situationen und überhaupt die Auseinandersetzung mit Unbekanntem zu meiden. Verständnis dafür ist wichtig, Verständnis sollten Eltern immer aufbringen. Aber unterstützen sollten sie ein Vermeidungsverhalten keineswegs, sondern das Kind sanft, aber beharrlich in Situationen bringen, die eine aktive Auseinandersetzung verlangen. Natürlich nicht in zu schwierige Situationen: Das wird eher schaden. Aber in Situationen, die dem Alter des Kindes und seinen Fähigkeiten angemessen sind, in denen es lernen und eigene Kompetenz erwerben kann. Auch wenn es zunächst gar nicht recht will.

▬ ▬ Entwicklung von Ängsten und ihre Erscheinungsformen

Im *Säuglings- und Kleinkindalter* zeigen fast alle Kinder Ängste, wenn Reize sehr stark sind, etwa bei lauten Geräuschen oder wenn sich etwas schnell nähert. Die »Achtmonatsangst« tritt ebenfalls in diesem Alter auf, bei der fremde Menschen als bedrohlich empfunden werden. Und Trennungsängste zeigen sich, vor allem bezogen auf die Mutter.

Im *Vorschulalter* zeigen Kinder Ängste vor starken Naturerscheinungen, etwa Gewittern mit Blitz und Donner oder vor Sturm. Auch vor bestimmten Tieren können sich Kinder zu ängstigen beginnen sowie etwa vor Dunkelheit und mit ihr einhergehenden Vorstellungen wie Gespenstern.

Im *Schulalter und der Pubertät* können Schulängste auftreten und solche, die mit der körperlichen Entwicklung zusammenhängen, also sexuelle Ängste, auch Minderwertigkeitsgefühle. Überhaupt treten Ängste im Zusammenhang mit dem eigenen Körper nun häufiger auf, so vor Unfällen, Verletzungen, Krankheiten, Operationen oder dem Tod.

Viele Ängste bei Kindern sind schlicht während der Entwicklung auftretende und wieder verschwindende Phänomene. Manche Kinder neigen mehr dazu, andere weniger. Die Eltern sollten immer auf Ängste von Kindern eingehen. Als auffällig und therapeutisch zu behandeln wird keineswegs jede Angst des Kindes einzustufen sein.

Diese Arten von Angst ziehen, wenn sie schwer und überdauernd auftreten, häufig eine Beratung oder Behandlung nach sich:

Trennungsangst ▸ Charakterisiert wird sie durch Kummer, wenn sich das Kind von den Eltern oder dem Zuhause auch nur vorübergehend trennen muss, und zwar durch die Angst davor, den Eltern könne etwas zustoßen; durch die Unfähigkeit, allein ruhig zu schlafen; durch allerlei körperliche Beschwerden wie Kopf- und Bauchschmerzen, Übelkeit, Schwindel oder Herzrasen.

Soziale Ängstlichkeit und Phobie ▸ Das Kind fürchtet sich vor fremden Menschen und will möglichst nichts mit ihnen zu tun haben. Es reagiert auf sie mit Schweigen, Ausweichen, Weinen, Starre oder gar mit einem Wutausbruch. Seine sozialen Beziehungen und Aktivitäten sind infolgedessen gering. Körperliche Beschwerden dazu sind Erröten, Händezittern, Muskelverspannung oder Magen-Darm-Probleme.

Generalisierte Ängste ▶ Das Kind hat Angst vor alltäglichen Situationen, fühlt sich ihnen nicht gewachsen. Es erwartet weniger Erfolge, sondern vor allem Misserfolge. Körperliche Beschwerden dazu sind unruhiger Schlaf, Muskelverspannung, Reizbarkeit, Müdigkeit oder Erschöpfung.

Im Folgenden gehen wir chronologisch vor und beschäftigen uns zunächst mit typischen Entwicklungsängsten und Trennungsängsten, wie sie im Kleinkindalter vorkommen. Anschließend widmen wir uns sozialen Ängsten und Phobien, wie sie eher bei älteren Kindern auftreten.

Entwicklungsängste

In der Entwicklung von Kindern in jeder Altersstufe gibt es typische Ängste, die alle Kinder in der einen oder anderen Form durchleben. Man bezeichnet sie deswegen auch als Entwicklungsängste oder »normale« Ängste.

Bereits Säuglinge reagieren mit Angst, beispielsweise auf plötzliche laute Geräusche, grelles Licht, aber auch bei groben, ruckartigen Bewegungen oder wenn sie das Gefühl haben, fallen gelassen zu werden. Der Säugling kann solche abrupten Reizveränderungen noch nicht richtig (das heißt als harmlos) einschätzen. Eltern verhalten sich intuitiv meist richtig, indem sie das Kind hochnehmen, es herumgetragen und beruhigend zu ihm sprechen. Das Kind braucht in diesem Moment einfach die Nähe einer vertrauten Person, die ihm wieder Sicherheit vermittelt.

Ist das Kind dann sieben oder acht Monate alt, löst plötzlich das Fremde und Unbekannte Erschrecken aus, was vorher noch nicht der Fall war. Eltern wundern sich dann oft, wenn das Kind beim Anblick von weniger vertrauten Bekannten oder Verwandten heftig zu schreien beginnt. Dieses »Fremdeln« zeigt, dass das Kind jetzt in der Lage ist, vertraute Personen sicher von anderen zu unterscheiden. Die Fremdenangst kann also erst auftreten, wenn sich beim Kind diese Unterscheidungsfähigkeit entwickelt hat.

Hier zeigt sich auch, wie wichtig es für Kinder ist, einen geschützten Ort zu haben und Menschen, mit denen sie vertraut sind, die Schutz und Sicherheit vermitteln. Wenn das bedroht erscheint, kommt es zur Angst.

Kinder sind auf Erkundung ausgerichtet. Die Welt außerhalb ist zwar zunächst nur fremd, doch sie eignen sie sich zunehmend an. Das geschieht aber immer mit diesem sicheren Ort im Rücken, mit ihren Eltern, wohin sie jederzeit zurückkehren können. Scheint dieser geschützte Ort in Gefahr, bricht das Fremde in ihn ein, dann kann es zu starken Angstreaktionen kommen.

Mit zunehmendem Alter werden die Gründe, warum ein Kind sich ängstigt und schreit oder weint, vielfältiger. Denn es beginnt langsam, mehr von der Welt um es herum zu verstehen. Es macht sich Gedanken um vieles, es entwickelt eigene Vorstellungen. Damit wachsen auch die Quellen für Angst.

Während in der Säuglingszeit die Angst vor Trennung von einer geliebten Person und die Angst bei plötzlichen Reizveränderungen vorherrschen, kommen bei Kleinkindern zwischen zwei und fünf Jahren Ängste vor bestimmten Umweltgegebenheiten hinzu.

Zwei besonders häufige Ängste in dieser Zeit sind die Angst vor Gewitter und vor Dunkelheit. Andere Ängste beziehen sich auf Einbrecher oder auf Monster und andere imaginäre Figuren. Außerdem kann nun die Angst vor Tieren (vor allem vor Hunden), vor Tod und Alleinsein auftreten. Diese Art von Ängsten kann ein Kind unter einem Jahr noch nicht zeigen, da es sich unter einem Einbrecher, Monster oder Geist nichts vorzustellen vermag und ihm beispielsweise die Gefahr von Gewittern unbekannt ist. Das Kind muss also erst geistige Entwicklungsschritte vollziehen, ehe eine bestimmte Angst auftreten kann. Umgekehrt zeigt das Auftreten einer neuen Angst in diesem Alter auch an, dass das Kind diese notwendigen Entwicklungsschritte gemeistert hat.

Mit der Zeit lernt das Kind, mit diesen »normalen« Ängsten besser umzugehen, Bewältigungsstrategien dafür zu ent-

wickeln. Dies lässt sich gut am Beispiel des kleinen Fabian
aufzeigen.

BEISPIEL Fabian, drei Jahre alt, schläft seit seiner Geburt problemlos im völlig abgedunkelten Zimmer. Umso mehr verwundert es seine Eltern, als er plötzlich darum bittet, bei Licht schlafen zu dürfen. Im Dunkeln habe er Angst, berichtet er auf Nachfrage. Bisher gab es noch nie Anzeichen dafür.
Bis zum Alter von fünfeinhalb Jahren schläft er nur gut, wenn wenigstens ein kleines Nachtlicht brennt. Die Kinderzimmertür muss einen Spalt geöffnet werden, sodass Fabian das Licht im Flur sehen kann. Kurz vor seiner Einschulung sagt er eines Abends plötzlich zu seiner Mutter, sie solle das Licht doch bitte ausschalten, sonst könne er nicht richtig einschlafen. ■

Am Beispiel von Fabian lässt sich gut sehen, dass Entwicklungsängste, wie die Angst vor Dunkelheit, oft genauso plötzlich verschwinden, wie sie gekommen sind. Von diesem Phänomen erzählt auch der elfjährige Kilian:

BEISPIEL »Als ich ungefähr fünf oder sechs Jahre alt war, hatte ich große Angst vor Füchsen. Abends dachte ich immer, ein Fuchs könnte unter meinem Bett liegen. Bevor ich ins Bett stieg, schaute ich mehrmals unters Bett, ob er darunter sitzt oder nicht. Auch meine Eltern mussten immer wieder unters Bett schauen und mir sagen, dass da kein Fuchs ist. Irgendwann hatte ich dann keine Angst mehr vor dem Fuchs. Ich habe keine Ahnung, warum ich so viel Angst vor Füchsen hatte, und ich weiß auch nicht, warum das plötzlich wieder weg war.« ■

Immer wieder fällt bei Kleinst- und Kleinkindern auf, wie Angst mit bestimmten Entwicklungsschritten zusammenhängt. Es ist, als ob für Ängste erst die »richtige« Grundlage im Erleben des Kindes geschaffen werden müsste.

BEISPIEL Leon, jetzt vier Jahre alt, hat vor einem Jahr seinen Großvater verloren. Dies war seine erste konkrete Begegnung mit dem Tod. In der ersten Zeit nach diesem Tod fragte er öfter interessiert nach, wo der Großvater jetzt sei und warum er nicht wiederkomme. Die Eltern beantworteten seine Fragen mit einfachen Worten, und Leon schien von der ganzen Sache nicht besonders beeindruckt oder gar durch sie belastet zu sein. An seinem vierten Geburtstag wird ein Fest mit allen Verwandten gefeiert. Es geht lustig zu. Als die Mutter ihm abends im Bett »Gute Nacht!« sagen will, bricht Leon plötzlich in Tränen aus und ist nur sehr schwer zu beruhigen. Unter Schluchzen sagt er der Mutter, er wolle nicht sterben, und auch Mama, Papa und Oma sollten nicht sterben.

Leon hat in dem Jahr seit Großvaters Tod wichtige Entwicklungsschritte gemacht. Plötzlich erkennt er die Endgültigkeit des Todes und entwickelt Angst davor. Mit drei Jahren war davon noch nichts zu spüren. Dreijährige hört man denn auch im Spiel etwa sagen: »Jetzt bist du tot und kommst ins Krankenhaus, und da machen sie dich wieder gesund.« ▪

Leons plötzlich aufkommende Angst vor dem Tod ist nicht Zeichen einer gestörten Entwicklung, sondern Ausdruck seiner zunehmenden geistigen Reife. Dass sich die Angst gerade an seinem Geburtstag äußert, ist auch verständlich, da an einem solchen Tag das Vergehen der Zeit gerade dem Kind besonders deutlich wird.

Solche Ängste kann jeder gut nachvollziehen. Andere sind nur zu verstehen, wenn man die persönliche Geschichte des Kindes kennt. An Ängsten, wie denen von Leon, kann das Kind reifen. Andere Ängste beziehen sich auf zufälliges Unglück, ohne Wert für die weitere Entwicklung des Kindes, außer der banalen und oft gehörten Moral, künftig vorsichtiger zu sein.

BEISPIEL Emma, 18 Monate alt, rennt schnell ins Bad, um sich dort auf ihr Töpfchen zu setzen. Sie schafft es nicht mehr rechtzeitig und verliert ihr »Bächlein« bereits am Eingang des Bads auf den Fliesen. Daraufhin will sie schnell zur Mutter rennen, um das Malheur zu melden, als sie auf ihrem Urin ausrutscht und äußerst schmerzhaft auf die Badfliesen fällt. Sie zieht sich bei diesem Sturz Prellungen am Arm und an der Hüfte zu.

Von diesem Tag an hat Emma panische Angst vor glatten Bodenflächen und vor dem Barfußlaufen. Es ist einige Zeit unmöglich, mit Emma ins Schwimmbad zu gehen, obwohl sie das Plantschen sonst immer sehr genossen hat. Auch Baden in der Badewanne oder Duschen sind nicht mehr ohne panisches Geschrei Emmas möglich.

Emma vermeidet nach diesem Ereignis bewusst Situationen, die der Angst auslösenden Situation ähnlich sind. Sie generalisiert von den Badfliesen auf alle glatten Bodenflächen und ängstigt sich auch noch davor, wenn sie Schuhe oder Strümpfe trägt. ■

Vermeidungslernen kann schon in sehr frühem Alter stattfinden und dann durchaus ihre Grundlage, eine vielleicht ganz zufällig entstandene Angst, sehr lange aufrechterhalten – wenn nicht konsequentes Umlernen stattfindet.

Emmas Eltern besorgten dazu zunächst eine Gummimatte, die sie in die Badewanne legten, wenn das Mädchen baden sollte. Außerdem durfte sie Plastikbadeschuhe tragen. Auf diese Weise lernte Emma, dass nicht das Baden an sich gefährlich ist. Mit der Zeit machte es ihr sogar wieder so viel Spaß, dass sie die Badeschuhe nach einigen Minuten in der Wanne wieder auszog, denn sie behinderten sie eben doch. Die Gummimatte wollte sie allerdings noch mit vier Jahren in der Badewanne haben.

Auch ans Schwimmbad konnten die Eltern Emma wieder gewöhnen. Zunächst, indem immer ein Elternteil das Mädchen die ganze Badezeit über auf dem Arm trug. Als sie dabei nicht mehr schrie, versuchten es die Eltern mit den Badeschuhen, sodass auch das Gehen im Wasser und am Beckenrand wieder möglich wurde. Nach etwa einem Jahr ging Emma wieder einigermaßen unbefangen in die Badewanne und ins Schwimmbad. Nur gelegentlich wollte sie noch an die Hand der Eltern.

BEISPIEL Pauline geht als Dreijährige mit ihren Eltern zum Schlittenfahren. Sie hat großen Spaß daran und bittet schließlich die Eltern, auch einmal allein den Hügel hinunterfahren zu dürfen. Die Eltern erlauben es – und Pauline braust abwärts. Unten angekommen, hört sie plötzlich ein metallenes Gerassel, und plötzlich steht ein großer Hund über ihr, der an ihr herumschnuppert. Pauline ruft die Eltern, aber die sind weit weg, sie ist der Situation hilflos ausgeliefert. Bis die Eltern kommen, ist das Mädchen schon extrem erregt und schreit vor Angst. Der Hund hat sich längst davongemacht.

Seit diesem Erlebnis hat Pauline starke Angst vor Hunden und meidet sie, wann immer sie kann. Auch als Erwachsene erschrickt sie stark, wenn sie ein metallenes Rasseln hört, wie beispielsweise von einer Hundeleine oder einem Schlüssel. Ihr bricht dann sofort der Schweiß aus und sie sucht Schutz bei einer in der Nähe stehenden Person. ■

Die Angst vor Hunden ist im Kleinkindalter eine der »klassischen« Ängste und tritt recht häufig auf. Die meisten Kinder überwinden diese Angst nach und nach, vor allem durch positive Erfahrungen mit Hunden, etwa in der Nachbarschaft. Wichtig sind dazu auch Regeln im Umgang mit Hunden, wie sie vor allem von den Eltern vermittelt werden können, zum Beispiel indem zunächst die Eltern den Hund streicheln. Dann traut sich auch meist das Kind. Die gute Erfahrung löst hier die Angst.

Am Hundebeispiel kann gut verstanden werden, weshalb sich Ängste der Eltern manchmal auch bei ihren Kindern wiederfinden, sozusagen »vererbt« werden. Das ist selbstverständlich keine Vererbung im biologischen Sinn, sondern geschieht über Vorbildlernen. Das Kind lernt über die Reaktion der Eltern auf einen Hund, wie »man« sich ihm gegenüber zu verhalten hat. Bei einem hundeängstlichen Elternteil also die Vorsicht vor Hunden, das Ausweichen, Zurückweichen – mit anderen Worten: die Angst. Und Eltern können eben nicht, wenn sie selbst Angst vor Hunden haben, die natürlicherweise bestehende Scheu des Kindes durch gutes Vorbildverhalten abbauen.

Bei Pauline war die Erfahrung mit dem Hund traumatisch. Sie mied fortan jeden Kontakt mit Hunden. Damit nahm sie sich selbst die Gelegenheit, ihre erste Erfahrung zu differenzieren. Die starke Angst vor Hunden blieb so bis ins Erwachsenenalter hinein bestehen.

▰ ▰ Trennungsängste

Eine andere Angst ist die vor Trennung, insbesondere vor der Trennung von den Eltern.

BEISPIEL Der fünfjährige Jannik klagt zurzeit jeden Morgen schon beim Aufwachen über Bauchschmerzen. Er möchte nicht frühstücken und weint, wenn die Mutter mit ihm zur Vorschule geht. An der Eingangstür zum Kindergarten kann er sich nicht von der Mutter trennen und möchte, dass sie noch mit hineingeht. Auch im Raum der Vorschüler soll seine Mutter bei ihm bleiben. Als die Vorschullehrerin darauf besteht, dass die Mutter nun nach Hause geht, schreit Jannik und klammert sich an der Mutter fest. Die Lehrerin hält Jannik fest, damit die Mutter gehen kann, die jetzt bereits selbst Tränen in den Augen hat. Als die Mutter draußen ist, möchte ihr Jannik noch am Fenster winken. Er weint noch sehr lange, beruhigt sich aber letztendlich und arbeitet den Rest der Zeit fröhlich mit. ▪

Verschiedene Probleme hängen oft ursächlich zusammen, wobei nicht immer die eigentliche Ursache den stärksten Eindruck hinterlässt. So ist bei Schulangst oder Angst vor dem Kindergartenbesuch (oft mit körperlichen Symptomen wie Bauchschmerzen oder Erbrechen verbunden) häufig festzustellen, dass die betroffenen Kinder eine starke Angst vor der Trennung von der Mutter haben, dass sie zu Hause und überall sonst in ihrer Nähe sind und selbst ein kurzzeitiges Aus-den-Augen-Verlieren kaum ertragen können.

Zu Hause mag das zwar zuweilen als lästig erscheinen, aber gar nicht so sehr als Problem empfunden werden. Als Problem zeigt es sich aber in Situationen, in denen eine Trennung von der Mutter unumgänglich ist – eben beim Kindergarten- oder beim Schulbesuch. Es wäre aber falsch, das Problem beim Kindergarten oder bei der Schule zu suchen. Grundlegend ist im geschilderten Fall die Trennungsangst, also die Angst des Kindes, den Kontakt mit der Mutter zu verlieren.

Wenn auch Kindergarten oder Schule nicht ursächlich etwas »dafürkönnen«, so lässt sich dort durchaus einiges tun. So kann über positive Kontaktpersonen (Erzieherin, Lehrerin, andere bekannte Kinder) und über eine zunächst besonders positive Gestaltung der dortigen Situation (viel Lob, viele Belohnungen, viele anziehende Aktivitäten) das Problem etwas abgeschwächt werden. Trotzdem muss mit den Eltern versucht werden, das

Grundproblem anzugehen, eben die generelle Trennungsangst des Kindes.

Erschwerend kann hinzukommen, dass oft auch die Eltern Trennungsangst und Schuldgefühle empfinden, sich diese jedoch meist nicht eingestehen. Auch für die Mutter bedeutet es einen neuen Lebensabschnitt, wenn das Kind in den Kindergarten kommt. Sie muss sich damit abfinden, nicht mehr rund um die Uhr von ihrem Kind gebraucht zu werden und auch nicht mehr alles kontrollieren zu können – und sie muss die neu gewonnene Zeit wieder sinnvoll nutzen lernen.

Geht die Mutter wieder stundenweise in den Beruf, so können auch Schuldgefühle auftreten, das Kind nun aus »egoistischen« Motiven heraus an den Kindergarten »abzuschieben«. Einerseits freuen sich die meisten Mütter darüber, dass ihr Kind im Kindergarten nun vielfältigere Kontakte zu anderen Kindern und zu Erwachsenen bekommt, andererseits müssen sie selbst mit diesem neuen Schritt klarkommen. Diese widersprüchlichen Gefühle spiegeln die Kinder mit ihren Trennungsängsten wider.

Zur Bewältigung dieses Problems ist es zunächst wichtig zu wissen, dass diese Gefühle nicht schlecht oder unangemessen sind. Bei den meisten Müttern sind sie in irgendeiner Form vorhanden. Deshalb hilft es, sich über die eigenen Gefühle klar zu werden, vielleicht auch mit jemandem darüber zu sprechen. Das löst die innere Anspannung und kann auch dem Kind helfen, die Trennung besser zu verkraften.

Es empfiehlt sich auch, schon vor Kindergarteneintritt schrittweise kurze Trennungen zu proben, das Kind beispielsweise ein oder zwei Stunden bei einer Nachbarin oder einmal über Nacht bei Oma und Opa bleiben zu lassen. Das Kind erfährt auf diese Weise, dass die Eltern ihre Vereinbarungen (»Ich hole dich in einer Stunde wieder ab!«) auch einhalten, und gewinnt so Sicherheit. Auch bieten viele Kindergärten die Möglichkeit, dass die Neulinge schon vor dem eigentlichen Eintritt einige Male für kurze Zeit »schnuppern« kommen.

BEISPIEL Die sechsjährige Emily äußert seit Kurzem Angst, wenn sie morgens in den Kindergarten gehen soll. Oft sagt sie auch, ihr sei schlecht oder sie habe Bauchschmerzen. Im Kindergarten angekommen, versucht Emily mit allen Mitteln zu verhindern, dass die Mutter nach Hause geht. Sie weint, klammert sich an die Mutter oder rennt sogar aus der Kindergartentür, sodass die Mutter sie öfter wieder mit nach Hause nimmt. Weder Eltern noch Erzieherinnen verstehen Emilys Verhalten, da sie in den letzten drei Jahren immer begeistert und fröhlich in den Kindergarten gegangen ist.

Emilys Mutter hat allerdings seit Kurzem die Diagnose einer Multiplen Sklerose. Seit einigen Monaten schon beunruhigten sie Symptome wie Gleichgewichts- und Sehstörungen oder plötzliche Schwäche, die sie zum sofortigen Ausruhen zwingt, und Unsicherheiten beim Treppensteigen. Die Eltern sind verunsichert und besorgt, wie sich die Krankheit weiterentwickelt. ∎

Ein Grund für starke Trennungsangst beim Kind kann auch sein, dass das Kind befürchtet, zu Hause könne etwas passieren, während es im Kindergarten ist. Dies kann der Fall sein, wenn ein Elternteil sehr krank ist, wenn es starke Auseinandersetzungen zwischen den Eltern gibt oder wenn sonstige Konflikte in der Familie schwelen. Hier ist in erster Linie wichtig, mit dem Kind über die Konflikte zu sprechen, sie zu benennen und ihnen im häuslichen Rahmen Raum zu geben. Kann das Kind über seine Ängste reden, müssen sie sich nicht mehr an unpassender Stelle, nämlich im Kindergarten, äußern.

Emilys Eltern haben mit ihr noch nicht über die Krankheit der Mutter gesprochen, da sie ihre Tochter nicht unnötig beunruhigen oder ängstigen wollen. Kinder spüren, auch wenn sie noch nichts Konkretes wissen, dass in der Familie etwas nicht stimmt, die Stimmung gedrückt oder angespannt ist oder sich die Erwachsenen Sorgen machen. Selten können sie diese Wahrnehmungen direkt ansprechen, sie äußern sich dann, wie bei Emily, indirekt, an anderer Stelle. Die Annahme von Eltern, das Kind wisse oder merke noch nichts, erweist sich oft schnell als falsch.

▬ ▬ Schlafbezogene Ängste

Ängste vor Dunkelheit, vor der Trennung von den Eltern, vor Einbrechern oder Gespenstern treten vor allem zur Zubettgehzeit oder in der Nacht auf. Darüber hinaus kann es auch vorkommen, dass das Kind *schlafbezogene* Ängste entwickelt. Schlaf kann nämlich auch als eine Art Kontrollverlust über den eigenen Körper und den eigenen Geist angesehen werden. Man schläft ein – und hat dann keinen Einfluss mehr darauf, was geschieht. Kinder sind sehr bemüht – und werden ja auch dazu angehalten – Selbstkontrolle zu entwickeln. Der Schlaf ist ein Bereich, bei dem das nicht möglich ist. Das kann Angst verursachen. Der Schlaf kann als etwas Dunkles, Unheimliches angesehen werden.

Fast alle Kinder (und Erwachsene) wissen, was *Albträume* sind. Auch sie können erhebliche Ängste auslösen, vor allem, wenn sie immer wiederkehren. Das folgende Beispiel zeigt einen »normalen« Albtraum.

BEISPIEL Sebastian, fünf Jahre alt, wacht in letzter Zeit etwa einmal pro Woche laut schreiend auf und ruft nach der Mutter. Kommt sie in sein Zimmer, sitzt er völlig aufgelöst in seinem Bett, weint und redet unzusammenhängend. Die Mutter nimmt ihn in den Arm und beruhigt ihn. Schließlich erzählt Sebastian, dass im Traum Männer hinter ihm her gewesen seien, ihn verfolgt hätten. Als sie ihn gerade schnappen wollten, sei er aufgewacht. Die Mutter redet ruhig mit ihm, deckt ihn wieder zu und verlässt das Zimmer. Am nächsten Morgen kann sich Sebastian noch genau an den Vorfall in der Nacht erinnern und erzählt seinem Vater am Frühstückstisch aufgeregt seinen Traum. ∎

Albträume treten um das fünfte Lebensjahr herum am häufigsten auf. Sie sind bei Jungen und Mädchen etwa gleich häufig. Oft (nicht immer) sind sie mit Ängsten am Tage verbunden. Wenn das Kind besonders viele und neue, fordernde Erfahrungen macht, können Albträume häufiger werden. Besonders gilt das für die Kindheitsphase, in der sich die Bindung an die Mutter lockert, denn die Selbstständigkeitsentwicklung des Kindes geht in der Regel zumindest zeitweise mit einer gewissen Verunsicherung einher. Das kann sich dann in Albträumen äußern. Auch alle möglichen anderen belastenden Tagesereignisse können in Albträumen wiederkehren, dazu gehören beispielsweise fiebrige Erkrankungen.

Albträume sind an und für sich harmlos. Eltern sollten in der Nacht beruhigen (aber nicht zu sehr auf die Situation eingehen), am nächsten Morgen dann über den Albtraum sprechen und so bei der Verarbeitung von Ängsten helfen. Nur wenn die Albträume sehr häufig sind oder immer wiederkehren, sollte ein weitergehendes Eingreifen überlegt werden. Wichtig ist dann, auf belastende Ereignisse am Tage stärker einzugehen. Wenn das

Kind seine Probleme besser bewältigt, verringert das voraussichtlich auch die Albträume. Hier können regelmäßig durchgeführte Entspannungsübungen helfen.

Ein oberflächlich ähnliches Erscheinungsbild wie der Albtraum zeigt der *Nachtschreck* (»Pavor nocturnus«). Tatsächlich handelt es sich hier aber um eine andere schlafbezogene Störung, die auch ein anderes Eingehen verlangt.

BEISPIEL Jonas, vier Jahre alt, zeigt in letzter Zeit in der Nacht ein für die Eltern äußerst beunruhigendes Verhalten. Etwa zwei bis drei Stunden nach dem Einschlafen fängt er an, sehr schrill und erregt zu schreien, sodass die Eltern zu ihm ins Zimmer eilen. Obwohl die Eltern anwesend sind, beruhigt sich Jonas zunächst nicht, sondern schreit weiter. Die Eltern stößt er sogar oft von sich weg oder schlägt wild um sich. Dabei ist er nicht ansprechbar und redet in wirren Wortfetzen. Nach einigen Minuten lässt sich Jonas wieder hinlegen und schläft schließlich ohne weitere Probleme durch.
Die besorgten Eltern fragen Jonas am nächsten Morgen, ob er in der Nacht etwas geträumt hätte und was. Das Kind jedoch kann sich an nichts erinnern und ist verwundert, als ihm die Eltern erzählen, was sich zugetragen hat.
Dieser Vorfall wiederholt sich ein- bis zweimal pro Woche, manchmal auch nur alle zwei bis drei Wochen. Die Mutter beobachtet, dass die Episode eher vorkommt, wenn sie am Tag einige Konflikte mit Jonas hatte. Besonders deutlich ist diese Beziehung aber nicht. Meist scheinen diese »Anfälle« ohne ersichtlichen Grund zu kommen. ∎

Typisch daran ist, dass die beschriebene Episode im ersten Nachtdrittel stattfindet und dass an den Vorfall (im Gegensatz zum Albtraum) keine Erinnerung besteht. Auch beim Albtraum wollen Kinder manchmal nichts mehr davon wissen, aber nicht etwa, weil sie sich nicht erinnern können, sondern weil die Erinnerung sehr unangenehm ist und sie vermeiden möchten, die Ängste wieder aufleben zu lassen. Beim Nachtschreck dagegen besteht tatsächlich keine Erinnerung. Auch sind die Kinder während der Nachtschreckattacke nicht ansprechbar.

Für Eltern kann ein Nachtschreck sehr beunruhigend sein, obwohl er im Grunde harmlos ist. Es scheint sich bei ihm um ein Reifungsphänomen zu handeln. Völlig unabhängig von der psychischen Verfassung am Tage scheinen die Anfälle jedoch nicht zu sein. Eltern beobachten immer wieder, dass ein Anfall eher kommt, wenn es am Tage viel Ärger und Konflikte mit dem Kind gegeben hat.

In der folgenden Zusammenstellung sind die Merkmale von Albtraum und Nachtschreck gegenübergestellt.

Etwa jedes zwanzigste Kind hat irgendwann einmal mindestens eine Nachtschreckepisode. Das ist deutlich weniger als Albträume auftreten (etwa bei einem Viertel aller Kinder), aber auch wieder nicht gerade selten. Nachtschreck kommt bei Jungen etwas häufiger vor als bei Mädchen. Zwischen dem zweiten und vierten Lebensjahr tritt das Problem am häufigsten auf. Nach den Grundschuljahren nimmt der Nachtschreck stark ab.

▬ ▬ Fernsehen und Ängste

Manchmal erzeugt das Vorlesen eines Märchens oder einer anderen spannenden Geschichte beim Kind so große Angst, dass es an der spannendsten Stelle sagt, es möchte die Geschichte jetzt nicht mehr weiterhören. In diesem Fall sollten die Eltern auch nicht darauf bestehen, die Geschichte zu Ende zu lesen. Das Kind

	Nachtschreck	Albtraum
Erscheinung	Kind erwacht oft mit durchdringendem Schrei	erwacht weniger dramatisch, weniger Bewegung
	kann sehr aktiv sein (Aufsetzen, Herumfuchteln)	Muskelspannung herabgesetzt
	redet häufig	redet manchmal
	Puls und Atmung sind sehr stark beschleunigt	weniger starke Veränderungen von Puls, Atem etc.
	beginnt im Tiefschlaf	tritt im Traumschlaf auf
	meist im ersten Nachtdrittel	eher gegen Ende der Nacht
»Traum«inhalt	einzelne Szenen oder Gedanken, meist aber keine oder nur bruchstückhafte Erinnerung	ausführlicher, lebhafter Traum mit beunruhigendem Inhalt, Erinnerung fast immer klar
Nach Erwachen	stark verwirrt	sehr schnell hellwach
	kaum ansprechbar, nicht zu beruhigen	beruhigbar
	am Morgen keine Erinnerung mehr daran	am Morgen Erinnerung

wird vermutlich bald wieder nach der Geschichte verlangen und sie dann wahrscheinlich zu Ende hören wollen. Kinder können selbst recht gut dosieren, was sie sich zutrauen.

Ähnliches gilt auch für die Angst beim Fernsehen. Kommt das Kind während der Sendung weinend zu den Eltern gerannt und äußert Angst, sollte man nicht überreagieren. Falsch ist es, dem Kind nun das Fernsehen oder diese Sendung zu verbieten, damit es keine Ängste mehr hat. Solche Maßnahmen können bewirken, dass das Kind Ängste in Zukunft nicht mehr äußert, aus Angst, dann gar nicht mehr fernsehen zu dürfen. Besser ist es, mit dem Kind über die Sendung zu reden, sie vielleicht sogar mit dem Kind zusammen zu Ende anzuschauen (falls das Kind dies noch möchte).

Grundlage für viele Reaktionen der Kinder ist ihr magisches Weltverständnis, die »magische Phase«, die meist bis zum Alter von sechs, oft auch noch bis neun Jahre besteht. Kinder in dieser Phase verfügen noch nicht über einen wesentlichen Mechanismus zur Angstverminderung. Sie können nicht sagen: »Das ist ja nur Fantasie, erfunden, ein Märchen.« Während Erwachsene oder ältere Kinder so beispielsweise Horrorfilme ohne Weiteres auf ein erträgliches, ja lustvolles Maß an Schrecken heruntersetzen können, ist das Kindern in der magischen Phase noch nicht möglich. Sie halten die Geschehnisse für echt, mindestens für denkbar.

Eltern sollten Kindern in der magischen Phase und mit Neigung zu Ängsten deshalb das Fernsehen zwar nicht verbieten (das wäre aus vielen Gründen wohl das Beste, aber es geht oft nicht), aber sie sollten auf die Programme achten, die das Kind sieht. Im Kleinkindalter, aber auch noch im Grundschulalter sollten Kinder nur Sendungen sehen, die speziell für dieses Alter gemacht sind, da sie bereits von lauten Geräuschen, dramatischer Hintergrundmusik und schnellen Szenenwechseln stark geängstigt werden können. Und Horrorfilme sollten auf keinen Fall frei verfügbar in der Wohnung herumliegen.

Soziale Ängste und Schüchternheit

Nach der Säuglings- und Kleinkindzeit haben Ängste sehr häufig mit sozialen Situationen zu tun. Kein Wunder, sind soziale Beziehungen doch besonders unüberschaubar und nicht immer in eine gewünschte Richtung veränderbar. So kann das Gefühl aufkommen, Beziehungen ausgeliefert zu sein, keinen Einfluss auf sie zu haben, von ihnen (und den entsprechenden Personen oder Gruppen) dominiert zu werden.

Aber Menschen haben gleichzeitig ein starkes Bedürfnis nach sozialem Kontakt. Selbst wenn soziale Situationen ängstigen, so möchte sich doch niemand ganz davon fernhalten, selbst wenn es ginge: Das widerspräche einem menschlichen Grundbedürfnis. Einschränkungen sozialen Kontakts sind daher – vor allem für Kinder – immer eine unbefriedigende Sache.

BEISPIEL Lara, fünf Jahre alt, geht seit anderthalb Jahren in den Kindergarten. Sie hat sich dort eigentlich gut eingelebt, spielt jedoch nur mit Mädchen. Vor den »wilden Buben« hat sie Angst, wie sie selbst sagt. So geht sie beispielsweise nicht auf das Faschingsfest im Kindergarten, weil an diesem Tag alle Kinder in einem großen Gruppenraum herumtoben dürfen und sie so den für sie nötigen Abstand zu den Jungen nicht einhalten kann. Auch während des Freispiels im Kindergarten vermeidet sie es, mit Jungen in Kontakt zu kommen.

Lara hat eine zwei Jahre ältere Schwester, ein sehr ruhiges, »braves« Mädchen, das – genau wie Lara – selten wild herumrennt oder ausgelassen tobt. Die Eltern sind stolz auf diese folgsamen, ruhigen Kinder und erwähnen auch immer wieder

Freunden und Bekannten gegenüber, wie froh sie sind, keine Jungen bekommen zu haben. ■

An diesem Beispiel zeigt sich auch wieder der oftmals vorhandene, aber nicht immer sofort sichtbare Einfluss der Eltern, der Einfluss elterlicher Werte und Verhaltensweisen. Eltern (und Kindern) ist dies selten bewusst.

Vermeidungsverhalten wie bei Lara scheint für sich genommen zunächst wenig besorgniserregend zu sein. Wenn nichts dagegen unternommen wird, besteht aber die Gefahr, dass es sich verfestigt und später zu größeren Verhaltensproblemen führt. Das tritt oft ein, wenn eigentlich kein »Problem« vorhanden ist, um das man sich kümmern müsste, sondern »lediglich« ein eigentlich erwünschtes Verhalten fehlt.

Aber auch Verhaltensweisen, die auffallen und daher in der Regel schneller zu Korrekturversuchen seitens der Erwachsenen führen, können oft zunächst völlig falsch eingeschätzt werden.

BEISPIEL Niklas, acht Jahre alt, wird wegen Aggressivität bei einer Erziehungsberatungsstelle vorgestellt. Er ist in der zweiten Grundschulklasse und fällt dadurch auf, dass er in jeder Pause Klassenkameraden anrempelt oder Raufereien mit ihnen anfängt. In der Beratungssitzung erscheint Niklas als ein körperlich kräftiger, sehr stiller, in sich gekehrter Junge. Er beklagt, keine Freunde zu finden.

Niklas Eltern leben sehr zurückgezogen am Dorfrand, es bestehen kaum Kontakte zur Nachbarschaft oder zu Freunden und Bekannten. Beide Eltern sind sehr still, reden nur einsilbig und auf Befragen, genau wie Niklas. Auch zu Hause wird kaum gesprochen. Nach einigen Sitzungen mit der Familie stellt sich heraus, dass Niklas der Meinung ist, durch seine Rempeleien und Raufereien Freunde zu finden. Er scheint überhaupt keine andere Möglichkeit zu kennen, mit Kindern in Kontakt zu kommen, als über körperliche Angriffe. Dabei wirkt Niklas im Einzelkontakt sehr friedfertig und eher schüchtern. ∎

Niklas konnte bisher zu Hause kaum Erfahrungen mit sozialen Situationen sammeln und hat daher kein ausreichendes Repertoire sozialer Fertigkeiten entwickelt. Er ist in höchstem Maße sozial unsicher und hat Ängste, mit anderen in Kontakt zu treten. Dabei ist aber gleichzeitig das Bedürfnis nach Zuwendung und Anerkennung durch Gleichaltrige bei ihm sehr wohl vorhanden. Seine körperliche Kraft gibt ihm Sicherheit, und so versucht er, auf diesem Weg Kontakte zu knüpfen. Aber gerade damit manövriert er sich in der Klasse ins Abseits. Aus dieser Erfahrung heraus wird er unter Umständen mit der Zeit soziale Kontakte generell meiden und sich zum Einzelgänger und Eigenbrötler entwickeln – wenn es nicht gelingt, ihm auch andere Möglichkeiten der Kontaktaufnahme zu zeigen.

An diesem Beispiel ist gut zu erkennen, wie – oberflächlich betrachtet – dominierende Einstellungen bzw. Verhaltensweisen, wie hier die Aggressivität von Niklas, bei näherer Betrachtung eine völlig andere Grundlage haben können. Keineswegs jedes aggressive Verhalten von Kindern ist von Kontaktwunsch oder von Ängsten motiviert. Es ist aber durchaus nicht selten, dass ein Kind Aggressivität als Mittel zur Kontaktaufnahme einsetzt oder dass scheinbar aggressives Verhalten von bereits miteinander bekannten Kindern (Anrempeln etc.) im Dienste freundschaftlicher Kommunikation steht.

BEISPIEL Sophia sitzt im Klassenzimmer. Sie schaut auf das Gesicht der Lehrerin, die gerade eine Aufgabe erklärt. Sie schaut runter auf ihr Heft. Die Lehrerin fragt etwas. Einige Kinder melden sich. Sophia ist nicht darunter. Sie weiß eine Antwort, aber sie weiß natürlich nicht genau, ob sie richtig ist. Und so meldet sie sich lieber nicht. Ein Junge sagt seine Lösung. Sie ist falsch. Sophia schaut in ihr Heft. Ein Mädchen sagt die richtige Lösung.

Es klingelt. Pause. Lärmend strömen die Kinder auf den Hof. Die meisten haben sich in Gruppen zusammengeschlossen. Vor allem die Mädchen stehen zusammen und kichern. Sophia ist nirgends dabei. Sie geht langsam umher. Über den offenen Hof geht sie nicht gern. Am liebsten geht sie am Rand entlang, dicht an der Mauer.

Ein Mädchen spricht sie an. Sie kennt es aus der Nachbarschaft. Sie gibt nur kurze, knappe Antworten, selbst fragt sie nichts, sagt nichts von sich aus. Das Mädchen weiß nichts mehr zu fragen und Sophia geht weiter. Sie achtet darauf, nie auf die Ränder der Steinplatten zu treten.

Dann klingelt es wieder. Die Pause ist zu Ende, der Unterricht kann weitergehen. Sophia beeilt sich. Sie ist als eine der Ersten zurück. ◾

Angst ist immerhin etwas, das erklärt werden kann und woran Eltern ansetzen, worauf sie sich beziehen können. Bei vielen Kindern ist Angst zunächst aber gar nicht festzustellen. Sie sind einfach nur sehr zurückhaltend, sehr schüchtern. Man muss ihnen jedes Wort sozusagen aus der Nase ziehen, sie melden sich in der Schule oder bei Aktivitäten im Kindergarten nicht von sich aus, spielen kaum aus eigenem Antrieb mit anderen, sind auffällig wenig selbst aktiv. Sie haben oft auch Probleme, Gefühle zu zeigen.

Das verhindert, dass das Kind soziale Sicherheit erwirbt. Es lernt nicht so gut, mit anderen umzugehen, sich in Gruppen zu bewegen, sich in ihnen zu behaupten, gemeinsam mit anderen etwas anzugehen.

Schüchterne Kinder fallen nicht auf, sie machen keinen Ärger, es gibt für Eltern oder Erzieher anscheinend keinen Grund, sich besonders mit ihnen zu beschäftigen. Im Gegenteil: Ein solch »liebes«, solch »braves« Kind ist bei den Erwachsenen gern gesehen, es macht keine Probleme, von denen man ohnehin schon genug hat.

Häufig sind verborgene Ängste eine Ursache solch sozial unsicheren, besonders schüchternen Verhaltens. Aber selbst dort, wo das ursprünglich nicht der Fall ist, können sich leicht Ängste entwickeln, da das Kind viele Fertigkeiten nicht oder nur ansatzweise entwickelt. Und wenn etwas unbekannt ist, nicht beherrscht wird, dann kann das eben zu Ängsten führen.

Um solch sozial defensives Verhalten möglichst gar nicht erst entstehen zu lassen bzw. nicht zuzulassen, dass es sich verfestigt und ausweitet, ist die Frage nach den jeweiligen Ursachen wichtig. So können bestimmte Situationen das Kind einfach überfordern. Überforderung führt zu Rückzug. Kinder werden immer wieder in Situationen kommen, denen sie nicht gewachsen sind. Das lässt sich nicht verhindern, soll auch gar nicht verhindert werden. Aber es müssen auch genügend soziale Situationen da sein, in denen sich das Kind nicht unsicher, sondern denen es sich gewachsen fühlt. Dafür sollten die Eltern sorgen.

Außerdem wird es häufig so sein, dass ein Kind eine bestimmte Situation oder ihre Konsequenzen ungünstig verarbeitet. Das kann sich dann in inneren Selbstaussagen verfestigen, die das weitere Verhalten gravierend beeinflussen. Im Beispiel war es Sophia, die im Klassenzimmer sitzt und sich nicht meldet, obwohl sie eine Lösung der Aufgabe weiß: Vielleicht denkt sie, es sei sehr schlimm, gar eine Katastrophe, eine falsche Antwort zu geben. Vielleicht wurde früher einmal über eine falsche Antwort von ihr besonders gelacht oder sie wurde deshalb noch später von den anderen Kindern gehänselt. Vielleicht ist Sophia auch nur besonders empfindlich und überlegt sich, dass das geschehen könne, wenn sie falsch antwortet.

Die Selbstaussagen sozial unsicherer Kinder tendieren oft zum Negativen und betonen vermeintliche Defizite. Einige typische Beispiele solcher Aussagen sind:

- »Das schaffe ich sowieso nicht.«
- »Andere können alles besser als ich.«
- »Ich darf nichts falsch machen, sonst wäre das schlimm.«
- »Ich darf nicht auffallen.«
- »Wenn ich nichts tue, mache ich nichts falsch.«
- »Kritik von anderen ist ein Angriff auf mich.«
- »Wenn ich etwas falsch mache, gibt es Vorwürfe, und das wäre schlimm.«
- »Mit dem, was ich sage oder tue, langweile ich die anderen nur.«
- »Alle sind gegen mich.«
- »Alle sind viel interessanter als ich.«
- »Jeder muss mich gern haben, ich darf nirgends anecken.«
- »Mir geht sowieso immer alles nur schief.«
- »Ich muss alles absolut richtig machen – oder besser gar nicht.«

Innere Selbstaussagen machen wir alle. Nur selten werden sie uns bewusst. Manche Kinder neigen mehr, andere weniger dazu, Situationen und Handlungen danach zu beurteilen, was alles passieren *könnte*, wie man alles negativ umdeuten *könnte*. Wenn Kinder einen Hang zu Perfektionismus haben, sich keine Fehler zugestehen, die Konsequenzen von Fehlern oder von Versagen übertrieben negativ einschätzen, keine Kritik ertragen können: Dann ist das ungünstig und kann dazu führen, dass sie sich zurückziehen. So erfahren sie zwar keine Kritik, aber gerade deshalb lernen sie auch weniger, ihre sozialen Fähigkeiten zu entwickeln.

In der Schule werden sich nach den ersten Jahren voraussichtlich immer größere Schwierigkeiten zeigen, denn bloßes Zuhören genügt nicht. Auch gibt es häufig eine Verbindung zwischen Schüchternheit und Depression. Ob die Depression hier am Anfang steht und das wenig aktive Verhalten des Kindes nur einen Ausdruck von ihr darstellt oder ob sich umgekehrt die Depression als Folge der Auswirkungen sozial unsicheren, zurückgezogenen Verhaltens entwickelt, das lässt sich schwer sagen. Im Einzelfall mag das eine oder das andere zutreffen, im Zweifelsfall ist es ein komplexes Wechselspiel von beidem.

Ein weiterer Punkt, den es als mögliche Ursache von sozial unsicherem Verhalten zu beachten gilt, sind Erfahrungen von Hilflosigkeit, von der Unmöglichkeit, die eigene Umgebung sinnvoll zu beeinflussen. Dabei ist es gleichgültig, ob tatsächlich keine Einflussmöglichkeit besteht oder ob dem Kind das nur so erscheint.

Nicht eine oder die andere dieser verschiedenen Ursachen muss richtig sein, in der Regel wird Verschiedenes zusammenwirken, wobei es nicht immer leicht ist, Ursache und Wirkung zu unterscheiden.

BEISPIEL Sonjas Familie ist im Ort neu zugezogen, in eine feste Dorfgemeinschaft hinein. Die Eltern fühlen sich hier nicht wohl, sie sind nur wegen einer Versetzung des Vaters umgezogen. Kontakte zu Einheimischen haben sie nicht, sie schauen eher auf sie hinunter und werden von diesen wiederum argwöhnisch beobachtet. In Sonjas Elternhaus wird Hochdeutsch gesprochen, das regionale Schwäbisch spricht die Familie nicht.

Sonja versucht im Kindergarten und auf dem Spielplatz wiederholt und mit durchaus angemessenem Verhalten, Kontakte zu knüpfen – ohne Erfolg. Bald zieht sie sich zurück, geht nur noch ungern und auf Drängen der Mutter in den Kindergarten. Mit anderen Kindern spricht sie kaum mehr. Diese fühlen sich in ihrer Ablehnung bestätigt. Auf Fragen sagt Sonja, dass sowieso niemand mit ihr spielen wolle, sie sei nichts wert. Sie macht einen wenig aktiven, fast depressiven Eindruck. ■

So können reale schlechte Erfahrungen, das Gefühl, die Umgebung nicht beeinflussen zu können, daraus entstehende innere Selbstaussagen und eine depressive Stimmung zusammenwirken und zu einem sozial unsicheren Verhalten führen, das sich dann auch bei anderen Rahmenbedingungen selbst aufrechterhält. Anfangs lagen die Ursachen für die Kontaktlosigkeit von Sonja zwar außen. Aber durch die Entwicklung negativer innerer Selbstaussagen und einer depressiven Grundstimmung wurden sie nach innen verlagert und sind jetzt auch durch eine Veränderung der äußeren Bedingungen nicht ohne Weiteres aufzulösen.

Ein solches Gefühl der Unkontrollierbarkeit muss keineswegs nur durch Erfahrungen immer gleichbleibend ungünstiger Reaktionen der Umgebung entstehen. Auch bei überbehüteten Kindern findet es sich.

BEISPIEL Jannik ist Einzelkind, ein Wunschkind, er wurde erst spät geboren, nach längerer Berufstätigkeit der Mutter. Sie gab für ihn Beruf und Karriere auf, widmete sich nur noch ihm. Von klein an bekam er immer alle Probleme abgenommen. Selbst musste er keinerlei Entscheidungen treffen, weil – mit bester Absicht – die

Eltern das für ihn taten. Von den Großeltern – die in Rente sind und nicht mehr mit dem ersehnten Enkelkind gerechnet haben – wurde und wird er entsprechend gehätschelt.

Mit anderen Kindern zu spielen bereitete Jannik schon immer Probleme. Meinungsverschiedenheiten überraschten ihn offenbar völlig, er konnte sie nicht austragen. Er versuchte, andere Kinder zu dominieren. Das gelang aber nicht, und so zog er sich zurück. Soziale Fertigkeiten erlernte er nur wenig.

In Gesellschaft von Kindern und unbekannten Erwachsenen wirkt Jannik sehr unsicher, zappelt dann, hampelt herum. Er redet viel, kann sich auch gut selbst beschäftigen, aber er spielt ungern mit anderen Kindern zusammen und verweigert alle Anforderungen, die zunehmend an ihn gestellt werden müssen. Nun soll er in die Schule kommen, und die Sorgen der Eltern, die immer nur das Beste für ihn gewollt und getan haben, nehmen zu. ■

Viele Ängste von Kindern sind, wie wir schon gesehen haben, entwicklungsabhängig. Sie tauchen zu einem bestimmten Zeitpunkt wie aus dem Nichts auf und verschwinden irgendwann, oft genauso überraschend. Solche Ängste sind etwas, das ein Kind einfach durchmachen muss. Sie gehören zur Entwicklung. Schüchternheit, sozial unsicheres Verhalten birgt demgegenüber die Gefahr in sich, dass sie die Entwicklung des Kindes stört, dass sie die Entwicklung verlangsamt oder in eine insgesamt ungünstige Richtung lenkt. Und sozial unsicheres Verhalten ist – anders als die meisten Ängste – sehr stabil. Es ist ein Verhalten, das sich sehr verfestigen und immer schwieriger werden kann, wenn nichts dagegen unternommen wird.

Das Kind sollte deshalb immer wieder bestärkt werden, sich sozial aktiver zu verhalten. Ein ungünstiges Selbstbild und negative innere Selbstaussagen des Kindes sollten erkannt werden, und zwar am besten im Gespräch mit dem Kind, dann lässt sich besser auf sie eingehen. Wenn klar ist, dass das Kind übertriebene Vorstellungen von den Konsequenzen fehlerhaften Handelns hat, kann man es positive Erfahrungen machen lassen, und zwar einfach, indem man leichtere Aufgaben stellt. Auch im Gespräch lässt sich so manches zurechtrücken. Aber Gespräche allein helfen nicht immer weiter, wichtiger sind eigene Erfahrungen.

Gerade bei ungünstigen inneren Selbstaussagen können deshalb Mutmach-Sprüche sehr wichtig werden. Das sind positiv gehaltene Merksätze, die sich das Kind in Problemsituationen selbst vorsagen kann – am besten nach einer kurzen Entspannungsübung. Wir stellen solche Mutmach-Sprüche nach der Atementspannung vor, mit der zusammen sie am besten eingesetzt werden (siehe das Kapitel zur Atementspannung). Auch in den Geschichten im zweiten Teil dieses Buchs sind hier und da welche enthalten.

Was aber ist nun eigentlich selbstsicheres, sozial kompetentes Verhalten? Aus welchen Fähigkeiten setzt es sich zusammen? Das zu beachten ist wichtig, denn es ist viel günstiger, Kindern etwas Positives beizubringen, als etwas Negatives zu bekämpfen. Als grundlegend kann folgendes Verhalten angesehen werden:

- Eigene Wünsche und Forderungen zu äußern.
- Auch einmal klar Nein sagen zu können.
- Selbst Entscheidungen zu treffen.
- Eigene Gefühle zu äußern, und zwar sowohl positive als auch negative.
- Anerkennung von anderen anzunehmen, sich selbst positiv sehen zu können.

- Die bewegende Kraft sollte bei sich selbst und nicht in der Umgebung gesehen werden.
- Sich selbst beeinflussen zu können: Anspannung abzubauen, Aggression in konstruktive Kritik umzuwandeln, ungünstige Selbstaussagen zu verändern.
- Ursache und Wirkung in sozialen Interaktionen zu erkennen und zu berücksichtigen.
- Soziale Signale richtig zu deuten (etwa eine Kontaktaufnahme nicht als Einmischung oder Bedrohung zu interpretieren).
- Selbstständig Kontakte zu knüpfen.

Kinder lernen all dies mehr oder weniger gut im alltäglichen sozialen Kontakt. Alles Spielen dient auch dem Einüben solcher Fertigkeiten. Deshalb ist es für die Entwicklung sozialer Kompetenz so wichtig, dass Kinder sich nicht zurückziehen, nicht isolieren. Auch und besonders dann nicht, wenn sie einmal schlechte Erfahrungen gemacht haben.

Schlechte Erfahrungen werden nicht durch einen Rückzug aus der sozialen Situation ausgeglichen, sondern durch gute Erfahrungen. Aber wenn das Kind sich zurückzieht, kann es keine guten Erfahrungen mehr machen. Die soziale Kompetenz entwickelt sich dann nicht weiter, sondern stagniert oder verkümmert. Und das erhöht die Wahrscheinlichkeit ganz enorm, künftig in ähnlichen Situationen wieder schlechte Erfahrungen zu machen.

Eltern sollten deshalb auf jeden Fall für Kontakte sorgen. Sollte es dabei oft zu Schwierigkeiten kommen, können Eltern hier – vorsichtig und zeitlich befristet – Einfluss nehmen (mit den anderen Kindern bzw. deren Eltern reden, bestimmte Kinder einladen etc.). Eltern können öfter mit den Kindern (am besten mit Kindergruppen) Spiele spielen, in denen soziale Kontakte, Entscheidungen, Ausdruck von Gefühlen etc. verlangt wird. Sie können über das Vorlesen bzw. über den Kauf von Büchern für das Kind beispielhafte Lösungen anbieten. Und sie können auf Vorbilder verweisen.

▬ ▬ Ängste in Zusammenhang mit dem Schulbesuch

Ein großer Lebensbereich, in dem Ängste entstehen können, ist natürlich die Schule, in der es nicht nur um Leistungserwartungen geht, sondern wo sich auch ein komplexes soziales Geschehen abspielt.

BEISPIEL Julia, neun Jahre alt, besucht die dritte Klasse der Grundschule. Jeden Morgen muss sie im überfüllten Schulbus zur Schule in den Nachbarort fahren. In letzter Zeit äußert sie der Mutter gegenüber oft Ängste davor, in den Bus einzusteigen, da es dort immer wild zugehe. Daraufhin fährt die Mutter Julia gelegentlich zur Schule.

Eines Morgens hat die Mutter keine Zeit, Julia zu chauffieren, worauf sich Julia weigert, in die Schule zu gehen. Die Mutter ist damit keineswegs einverstanden und beharrt darauf, dass Julia in die Schule gehe – und zwar mit dem Bus. Julia erbricht sich daraufhin und darf zu Hause bleiben.

An den folgenden Tagen klagt Julia morgens über Übelkeit und Bauchschmerzen und wird von ihrer Mutter entweder zur Schule gebracht oder darf zu Hause bleiben. Julias Ängste führen dazu, dass die Eltern ihre Arbeit so organisieren, dass sie Julia auf jeden Fall zur Schule fahren können. ■

Julias Angst vor der Situation im Bus (eng zusammengesperrt zu sein mit einigen »wilden« Kindern) veranlasst die Eltern, ihr diese Konfrontation zu ersparen. Damit vermeidet Julia die angstauslösende Situation und verpasst die Chance, diese Angst zu bewältigen. Als die Eltern nicht mitspielen, entwickelt Julia psychosomatische Reaktionen, die wieder in eine Vermeidung der Situation münden.

Es ist sehr wichtig für Kinder, Zuspruch, Trost und wenigstens symbolischen elterlichen Schutz zu genießen. Am Beispiel von Julia sieht man aber, wie dies keinesfalls dazu führen darf, dass es zu einer Vermeidung der ängstigenden Situation kommt. Vermeidung der Situation stabilisiert die Ängste, erhält sie aufrecht. Das lässt sich geradezu als einen Kernsatz zu Ängsten bei Kindern betrachten. Die psychosomatischen Probleme von Julia, die Übelkeit, das Bauchweh, das Erbrechen, wären wohl gar nicht entstanden, wenn Julia nicht vorher die Möglichkeit einer Vermeidung kennengelernt hätte.

Sicherlich sind diese Symptome von Julia nicht absichtsvoll produziert, sie täuscht sie auch nicht vor. Es wäre völlig falsch, Julia hier eine »Schuld« zuzuweisen (überhaupt ein problematischer Begriff) – aber betrachtet man nicht die Person, sondern die Situation, dann ist recht eindeutig, dass diese Beschwerden im Dienste einer Vermeidung stehen.

Vermeidung ist also etwas Ungünstiges. Eltern sollten das nicht mitmachen. Eltern können und sollten viele Hilfen geben, auch Trost und Zuspruch – aber nichts tun, um dem Kind die Situation einfach zu ersparen. Vermeiden mag im Augenblick oft tatsächlich die einfachste Lösung sein, aber das Kind muss nicht nur im Augenblick zur Schule gehen, sondern noch viele Jahre lang. Und auch zu anderen Gelegenheiten wird es auf den Bus angewiesen sein. Mittel- und langfristig ist Vermeidung deshalb sehr schlecht, denn sie unterstützt die Ängste nur.

Keine Vermeidung! – So lautet die entschiedene Empfehlung, aber sie ist kein Dogma. Denn manche Situation kann tatsächlich so geartet sein, dass ein Kind nicht damit fertig wird. Und wenn Eltern immer darauf bestehen, dass das Kind die Situation bewältigt, kann das zu dauernden Misserfolgserlebnissen oder Überforderungsgefühlen führen. Das ist natürlich auch nicht Sinn der Sache. Eltern sollten also auch abschätzen: Ist die Situation so beschaffen, dass ein Kind sie bewältigen *kann*? Ist auch mein Kind in der Lage, mit dieser Situation fertig zu werden? Hier gilt es, die Möglichkeiten des eigenen Kindes einigermaßen realistisch einzuschätzen.

BEISPIEL Seit Patrizia, acht Jahre alt, in die dritte Klasse geht, gibt es morgens erhebliche Probleme. Sie möchte nicht aufstehen und klagt schon im Bett über Bauchschmerzen. Frühstücken ist ihr unmöglich und sie weint oft, wenn sie aus dem Haus muss. Häufig müssen die Eltern Patrizia aus der Schule abholen, weil ihr nicht gut ist oder sie sich übergeben musste.

Patrizia war von Anfang an eine sehr schwache Schülerin und die Lehrer rieten den Eltern bereits in der ersten Klasse, Patrizia auf eine Förderschule umzuschulen, da sie dem Lernstoff oft nicht gewachsen war, Anweisungen der Lehrerin nur sehr langsam umsetzen konnte und somit auch oft den Hänseleien anderer Kinder ausgesetzt war.

Die Eltern möchten eine Umschulung auf die Förderschule unter allen Umständen vermeiden und üben mit ihrer Tochter nun täglich viele Stunden. So schafft es das Mädchen schließlich doch durch die zweite Klasse. Als in der dritten Klasse die Anforderungen noch mal erheblich steigen, ist Patrizia dem Druck nicht mehr gewachsen und entwickelt große Ängste vor dem täglichen Gang zur Schule. ■

Die Eltern erwarten von Patrizia, dass sie die Grundschule schafft, und versuchen, sie nach Kräften darin zu unterstützen.

Dabei merken sie zunächst nicht, dass Patrizia durch ihre Be-

mühungen unter großen Druck gerät. Sie spürt, dass die Eltern gute Leistungen von ihr erwarten, merkt aber gleichzeitig, dass sie diesen Anforderungen nicht gewachsen ist. Hinzu kommt, dass andere Kinder die Probleme Patrizias bemerken und sie deswegen verspotten. Aus der Angst heraus, den Anforderungen der Schule nicht mehr gerecht zu werden und damit auch die Eltern zu enttäuschen, versucht sie, sich der Schulsituation zu entziehen, indem sie psychosomatische Symptome entwickelt. Dadurch vermeidet sie die Konfrontation mit der Angst erzeugenden Situation.

An diesem Beispiel sieht man, wie Überforderungen wirken können. Patrizias Eltern werden lernen müssen, die schulischen Fähigkeiten ihrer Tochter realistischer einzuschätzen und ihre Ziele entsprechend zu stecken.

Existiert eine Überforderung real, weil etwa die körperlichen oder geistigen Fähigkeiten eines Kindes es außerstande setzen, Anforderungen der Umgebung zu erfüllen? Oder ist eine Überforderung »selbstgemacht«? Ist sie vielleicht nur darauf zurückzuführen, dass Kinder (oder Eltern) Anforderungen ganz besonders gut erfüllen wollen? Dass sie übertriebene Vorstellungen darüber entwickeln, wie schlimm es doch wäre, wenn es nicht ganz so gut klappt? Solche Überlegungen sind wichtig.

BEISPIEL Matthias, sieben Jahre alt, besucht seit einem halben Jahr die erste Klasse der Grundschule. Zurzeit weint er jeden Abend beim Zubettgehen. Wird er von den Eltern nach dem Grund seines Weinens gefragt, so äußert er Angst vor der Schule am nächsten Tag. Morgens klagt er dann über Übelkeit, Bauch- oder Kopfschmerzen und sagt, er wolle nicht in die Schule gehen, weil er Angst habe. Besonders stark ist dieses Verhalten beim

Neubeginn der Schule nach den Ferien und nach den Wochenenden.

Die Eltern sind darüber sehr erstaunt, da Matthias bisher in der Schule keinerlei Probleme hatte. Mit Lehrern und Mitschülern kommt er gut aus, er hat sogar schon einen guten Freund gefunden, der in der Klasse neben ihm sitzt. Von den Leistungen her gehört er nach Auskunft des Lehrers zu den besten Schülern. Die Hausaufgaben erledigt er zu Hause zügig, weitgehend selbstständig und mit offensichtlicher Freude.

Die Eltern beobachten allerdings, dass er alles besonders gut machen will und beispielsweise Angst entwickelt, wenn er nicht mehr genau weiß, welche Hausaufgaben er zu erledigen hat. Dann gibt er nicht eher Ruhe, bis die Mutter bei anderen Kindern deswegen nachgefragt hat.

Überhaupt ist Matthias ein eher vorsichtiges, ängstliches Kind. Im Schwimmbad hat er beispielsweise Angst, auf der Babyrutsche ins Kinderbecken hineinzurutschen, obwohl er Schwimmflügel trägt und das Wasser dort sehr flach ist. Auch hatte er lange Zeit Angst davor, ohne Stützräder auf dem Fahrrad zu fahren. Er weigerte sich, einer ihm gut bekannten Nachbarin ein Stück Kuchen zu bringen oder allein zu einem Kindergeburtstag zu gehen.

Matthias kann den Grund für seine Schulangst nicht angeben. Kommt er aus der Schule nach Hause, macht er jedoch einen sehr zufriedenen Eindruck. Die Ängste kommen dann erst wieder am Abend oder am nächsten Morgen zum Vorschein. ■

Bei Matthias spielen offensichtlich übertriebene Erwartungen eine Hauptrolle in seinem Verhalten. Neben solchen Erwartungen hinsichtlich der gestellten Anforderungen gibt es auch noch andere mögliche Gründe, wenn ein Kind das Elternhaus nicht verlassen möchte oder körperliche Probleme wie Übelkeit, Kopfschmerzen zeigt, wenn es dies wegen Schule oder Kindergarten trotzdem muss.

Eine anfängliche Scheu vor dem Kindergartenbesuch, inklusive Weinen, sich Anklammern an die Mutter – das berichten Erzieherinnen bei über der Hälfte der »Frischlinge«. Wenn sich die Kinder eingewöhnt haben, verschwindet dieses Verhalten schnell. Später sind es nur sehr wenige Kinder, die den Besuch verweigern oder ungern und mit Zeichen von Angst in den Kindergarten kommen. In der Schule tritt das dann deutlich häufiger auf. Das betroffene Kind wird dann schon beim Verlassen des Elternhauses unruhig und steigert sich zunehmend in eine Panik hinein.

Nicht bei allen Kindern ist diese Reaktion gleich. Es kann neben Panik zu Wutanfällen und zu Rückzugsverhalten im Sinne depressiver Verstimmungen kommen. Auch körperliche Symptome sind häufig, vor allem Erbrechen, Bauchschmerzen, Übelkeit, Kopfschmerzen, Durchfall.

Häufig ist Trennungsangst der Grund. Aber nicht immer. Tritt die Angst bei anderen Gelegenheiten, zu denen das Kind sich von den Eltern trennen muss, nicht oder nur sehr viel schwächer auf (etwa beim Besuch eines Sportvereins), hat es Sinn, von einer speziellen *Schulangst* oder *Schulphobie* zu sprechen.

Die Kinder selbst erklären ihre Angst und ihr Verweigerungsverhalten dabei meist durch die Schulsituation selbst, sie sprechen von der Angst vor dem Lehrer oder der Schule im Allgemeinen, häufig wegen eines bestimmten Ereignisses. Auch von Angst vor Mitschülern wird berichtet – und sogar von Angst um die Mutter, die allein zu Hause ist.

Natürlich stehen die Kinder unter einem starken Rechtfertigungsdruck. So wird man solche Erklärungen ernst nehmen und darauf eingehen, sie aber nicht in jedem Fall für den tatsächlichen Grund des Vermeidungsverhaltens halten. Erklärungen von unerwünschtem Verhalten sind immer mit einem gewissen Misstrauen anzusehen – auch bei uns Erwachsenen, die wir noch besser gelernt haben, welche Erklärungen von uns selbst und von anderen als nachvollziehbar und akzeptabel betrachtet werden und welche weniger.

Das heißt nicht, dass solche Gründe einfach »erlogen« sind. Meist ist es so, dass die Angst einfach da ist – weshalb, das weiß das Kind selbst nicht. Wenn es nach Gründen gefragt wird, dann bemüht es sich eben, welche zu finden, um die Angst sich selbst und anderen zu erklären. Was dabei herauskommt, wird vielleicht ihm selbst und dem Fragenden einleuchtend erscheinen. Ob es aber wirklich die Ursache ist, das ist damit noch nicht gesagt.

Schulangst muss sich keineswegs unbedingt beim ersten Eintritt in die Schule zeigen. Sie steigt mit den Schuljahren an, mit einem Gipfel etwa um das vierte oder sechste Schuljahr herum, wenn es um den Wechsel auf eine weiterführende Schule geht, wenn der Druck auf die Kinder also besonders groß ist.

Häufig wird Schulangst durch einen Schulwechsel ausgelöst.

BEISPIEL Marie, elf Jahre, besucht seit drei Wochen das Gymnasium in der Stadt. Sie muss jetzt mit dem Zug zur Schule und sich in der benachbarten Stadt selbst zurechtfinden. Die Eltern sind deswegen sehr besorgt und kaufen Marie ein Handy, damit sie immer gleich anrufen kann, wenn sie in der Schule angekommen ist. Marie meldet sich auch gleich nach Ankunft am

Bahnhof. Dabei bleibt es jedoch nicht. Bis Schulbeginn ruft sie noch mehrmals an, um die Stimme ihrer Mutter zu hören und sich zu vergewissern, dass zu Hause alles in Ordnung ist. Dieses Verhalten weitet sich in den nächsten Wochen zunehmend aus, sodass Marie jetzt sogar mehrmals täglich aus dem Unterricht geht, um auf der Toilette mit ihrer Mutter zu telefonieren. Sie kann dem Unterricht kaum mehr folgen, weil sie ständig überlegt, wann sie wieder zu Hause anrufen kann. Als Marie jeden Morgen zwischen zwanzig und dreißig Mal zu Hause anruft, melden sich die Eltern bei der psychologischen Beratungsstelle an. ▪

Marie hat sich auf die neue Schule zunächst sehr gefreut und war gleichzeitig aufgeregt, was da alles auf sie zukommen wird. In diese ängstliche, aber auch freudige Erwartung mischt sich nun die Besorgnis der Eltern, die Marie extra ein Handy kaufen, damit sie sicher sein können, dass Marie auch in der Schule ankommt. Die ängstliche Erwartung Maries bekommt also durch die Eltern zusätzliche Nahrung, sodass sich eine starke Angst entwickelt, die dann therapeutisch bearbeitet werden muss.

Schulische Umbrüche können also nicht nur bei Kindern, sondern auch bei Eltern Ängste hervorrufen, die sich dann auf das Kind übertragen. In diesem Fall mussten auch die Eltern lernen, darauf zu vertrauen, dass Marie ihren Schulweg gut bewältigt, sie mussten es ihr »zutrauen« und auf den Kontrollanruf bzw. das Handy eine Weile verzichten. Aus dem Zutrauen erwächst mit der Zeit Selbstvertrauen, die dann vor vielen Ängsten schützt.

Auch der Schulneubeginn nach den Ferien löst vermehrt Schulangst aus. Vielleicht ist es also neben dem Leistungsdruck einfach das Neue bzw. das wieder Ungewohnte, das beim Kind zur Verunsicherung führt. Auch scheinen viele (aber nicht alle) der betroffenen Kinder bereits vor Auftreten der Schulangst von einer depressiven Grundstimmung geprägt zu sein und wenig soziale Kontakte zu haben. Das spricht alles dafür, die Erklärungen der betroffenen Kinder über eine spezielle Situation in der Schule zwar ernst zu nehmen und zu berücksichtigen, aber nicht ohne Weiteres als eigentlichen bzw. alleinigen Grund zu betrachten.

BEISPIEL Merve, 15 Jahre, die nach den Sommerferien in die zehnte Klasse der Realschule kommt, weigert sich am ersten Schultag, dort hinzugehen. Als Grund nennt sie zunächst Bauchschmerzen, die dann aber im Verlauf des Vormittags verschwinden. Zu ihrer Mutter sagt sie, dass sie nicht mehr in ihre Klasse zurückkehren möchte. Die Mutter geht daraufhin mit Merve zur psychologischen Beratungsstelle. Im Gespräch zeigt sich, dass Merve schon vor den Ferien erhebliche Probleme mit ihren Mitschülerinnen hatte und befürchtete, nach den Ferien allein an einem Tisch sitzen zu müssen, da sie glaubte, kein anderes Mädchen würde neben ihr sitzen wollen. Es stellte sich zudem heraus, dass Merve sich schon seit längerer Zeit von sozialen Kontakten mit Gleichaltrigen zurückgezogen hat und ihre Freizeit fast nur noch in ihrem Zimmer verbringt. ■

Merves Ängste weisen auf eine Pubertätskrise mit depressiver Verstimmung hin, die dann auch im Fokus der therapeutischen Gespräche steht.

Jungen scheinen bei schulbezogenen Ängsten ein wenig häufiger betroffen zu sein als Mädchen. Einen klaren Zusammenhang mit der sozialen Schicht oder der Religion gibt es nicht. Wenn Schulangst früh auftritt, ist sie deutlich leichter zu überwinden als bei einem Auftreten erst im späteren Verlauf der Schulkarriere. Den spärlichen Angaben über therapeutische Bemühungen bei Schulangst zufolge, scheint es außerdem so zu sein, dass bei jüngeren Kindern (Grundschule) verhaltenstherapeutisch ausgerichtete Maßnahmen, die auf eine baldige Rückkehr in die Schule abzielen, erfolgreicher sind als bei älteren Kindern.

Aber nicht alles, was mit Angst und mit Schule zu tun hat, ist »Schulangst«.

BEISPIEL Felix, zwölf Jahre alt, geht in die siebte Klasse der Realschule und ist dort ein mittelmäßiger Schüler. Zu Hause lernt er viel, denn er möchte möglichst gute Noten schreiben. Steht am nächsten Tag eine Klassenarbeit bevor, wird ihm schon abends schlecht, und er hat große Probleme mit dem Einschlafen. Am nächsten Morgen spürt er ein Kribbeln im Bauch und muss ständig auf die Toilette. Vor Beginn der Klassenarbeit hat er kalte, schweißnasse Hände und ihm ist übel.

Manchmal kann er sich während der Arbeit so weit beruhigen, dass er die Aufgaben recht gut bearbeitet. Gelegentlich jedoch bekommt er eine völlige Denkblockade und bringt kaum etwas zustande. Erhält er dann eine schlechte Note, so hat er vor der nächsten Arbeit in diesem Fach noch mehr Angst. Genauer gesagt, hat er jetzt Angst vor der Angst. ■

Bei Felix' Ängsten handelt es sich nicht um eine Schulangst oder Schulphobie, denn Felix fühlt sich – von den Klassenarbeiten abgesehen – in der Schule sehr wohl. Bei Felix liegt eine Prüfungsangst vor.

In der Prüfungssituation hat er Angst davor, dass ihm nichts einfällt und dass er die Aufgaben nicht lösen kann, obwohl er diese Aufgaben zu Hause ausführlich geübt und auch bewältigt hatte. Bei Prüfungsangst helfen Entspannung und Mutmach-Sprüche, wie sie weiter hinten im Buch aufgeführt sind.

Phobien sind stark übertriebene und unrealistische Ängste vor Dingen der Umgebung oder möglichen Situationen, in die man geraten kann.

BEISPIEL   Maren, fünf Jahre alt, weigert sich, bei der Zahnärztin den Mund zu öffnen. Sie gilt als unbehandelbar. Schon im Wartezimmer beginnt sie zu weinen, was sich dann auf dem Weg ins Behandlungszimmer zu starkem Schreien steigert.

Zahnärztin und Zahnarzthelferin bemühen sich sehr um Maren, versuchen sie freundlich zu überreden, den Mund zu öffnen. Sie darf sich ihre schwarzen Schneidezähne (zu viel gesüßter Babytee) im Spiegel anschauen, und die Ärztin verspricht ihr, dass sie nach der Behandlung viel besser aussehen wird. Die Eltern versprechen Maren Spielsachen und Süßigkeiten, wenn sie beim Zahnarzt mitmacht.

Bisher hat Maren mit Zahnärzten keinerlei schlechte Erfahrungen gemacht, da sie ja noch nie an den Zähnen behandelt worden ist. Die Mutter erzählt der Zahnärztin allerdings, dass sie selbst jahrelang nicht zum Zahnarzt gegangen sei, weil sie starke Ängste vor der Behandlung gehabt habe. Noch heute bekomme sie Schweißausbrüche, wenn sie nur einen Zahnarzt sehe, selbst wenn sie wisse, dass die Behandlung an sich harmlos ist. ▬

Phobien richten sich auf ganz bestimmte Klassen von Dingen oder Situationen. Ängste sind dagegen entweder viel unklarer oder noch spezifischer. So kann ein Kind vor einem bestimmten Hund »Angst« haben. Hat es aber vor Hunden insgesamt Angst, bezieht sich die Angst auf die »Klasse« Hund, so ist das eine Phobie und wird in diesem Fall »Hundephobie« genannt. Hat

das Kind eine noch breiter angelegte Angst, etwa vor Begeg-
nungen mit Fremden ganz allgemein, würde man wieder von
»Angst« reden und nicht von »Phobie«.

Phobien beziehen sich häufig auf bestimmte Tierarten, vor
allem auf Hunde, Spinnen und Schlangen. Dazu scheint eine
genetische Veranlagung in uns zu bestehen. Oft reicht schon
eine einzige schlechte Erfahrung bei bestimmten Klassen von
Dingen aus, eben beispielsweise bei den genannten Tieren, um
eine Phobie aufzubauen, während das bei anderen Tierarten –
oder bei den viel gefährlicheren Autos – weit weniger der Fall
ist. Es hat sich im Laufe der Menschheitsgeschichte wohl einfach
gezeigt, dass es günstig ist, bestimmten Tieren oder Situationen
aus dem Weg zu gehen. Und die Anlage, das auch zu tun, wurde
deshalb in der Vererbung bevorzugt.

Situationen, auf die bezogen Phobien bestehen können, sind
etwa Höhen (Höhenangst), enge Räume (Platzangst, Klaustro-
phobie) oder weite Räume mit Menschengedränge (Angst vor
offenen Räumen, Agoraphobie). Schulen gibt es zwar mensch-
heitsgeschichtlich betrachtet nur wenig länger als Autos, eine
phobische Schulangst ist aber auch schon bekannt.

Wesentliches Merkmal einer Phobie ist gar nicht so sehr
Angst, sondern Vermeidung. Die Situation oder der Gegen-
stand, vor dem eigentlich Angst empfunden würde, wird vom
Betroffenen so weitgehend vermieden, dass Angst nur selten
aufkommt. Stattdessen fallen Verhaltenseinschränkungen auf.
So gehen manche Menschen beispielsweise nie in einen Fahr-
stuhl oder ab einem bestimmten Zeitpunkt nie außer Haus.
Die meisten Verhaltenseinschränkungen durch Phobien sind
aber nur leicht. Eine psychotherapeutische Behandlung ist nur
selten nötig.

Gegen Phobien wirken am besten verhaltenstherapeutische Verfahren, meist in Verbindung mit Entspannungsübungen. Auf die *systematische Desensibilisierung* sei hier besonders hingewiesen. Bei diesem Verfahren werden zunächst ängstigende Vorstellungen der jeweiligen Thematik (etwa Höhenangst) gesammelt und in eine Rangordnung gebracht. Dazu bewertet das Kind die Situationen, und zwar vergibt es Punkte von 0 bis 100. Als Angstwert 0 wird eine Entspannungssituation genommen, beispielsweise Bauen einer Sandburg am Strand während des Urlaubs. Als 100 wird die stärkste vorstellbare Situation mit der spezifischen Angst genommen, beispielsweise aus dem offenen Fenster eines Hochhauses im obersten Stockwerk zu schauen. Wenn die beiden Extreme gefunden sind, werden vom Kind die Situationen dazwischen bewertet. So wird eine Hierarchie von 0 (Entspannung) bis 100 (größte Angst) hergestellt. Es sollten dabei keine zu großen Sprünge vorkommen. Wenn zwischen zwei benachbarten Situationen mehr als 20 Punkte liegen, dann sollte noch eine Situation zwischen ihnen überlegt werden.

Anschließend beginnt die Bewältigung in der Vorstellung. Zunächst einmal entspannt sich das Kind. Ein Entspannungsverfahren muss dazu schon gut beherrscht werden. Dann stellt sich das Kind in der Entspannung zunächst nur die am wenigsten ängstigende Situation vor. Wenn die Vorstellung angstfrei gelingt, sollte das Kind etwas in ihr verweilen – und dann zur nächsthöheren Stufe, zur Vorstellung mit dem nächsthöheren Angstwert, weitergehen. So wird die Angst von Stufe zu Stufe abgebaut.

Wesentlich zum Erfolg dieser Verfahren ist zum einen die Verknüpfung der Angstsituation mit Entspannung. Zum anderen dürfte wichtig sein, dass der Übende dazu gebracht wird, sich in einem möglichst entspannten Zustand der ängstigenden Situation zu stellen. Er kann sie – zunächst in der Vorstellung – neu durchleben und eine neue Einstellung dazu finden. Dass es eine positivere Einstellung wird, dafür sorgt die Entspannung.

In der Realität werden ängstigende Situationen meistens gemieden oder das Kind flüchtet aus ihnen, wenn es – trotz aller Meidungsversuche – in sie geraten sollte. Das führt dazu, die Angst vor solchen Situationen zu festigen und womöglich noch zu verstärken. Werden solche Situationen durchlebt, *bewusst* durchlebt, auch ohne »innere Flucht«, dann stellen sie sich meist als gar nicht so dramatisch heraus. Angst liegt weit überwiegend im Menschen selbst begründet, nicht in einer Situation. Wir *machen* die Angst in unseren Vorstellungen. Dort liegt deshalb auch der Anfang des Weges, sie abzubauen.

Wenn sich beim Kind während der systematischen Desensibilisierung auf einer Stufe – trotz der Entspannung – etwas Angst einstellt, wird auf das Ruhebild (Stufe mit Angstwert 0) zurückgegangen. Dort verweilt das übende Kind ein Weilchen, bis es sich wieder ganz entspannt fühlt. Dann geht es in der Vorstellung auf die Stufe, die im Angstwert direkt unter der Stufe liegt, auf der die Angst auftrat. Diese Stufe wurde vorher gut bewältigt, vermutlich wird sie dies auch jetzt wieder (wenn nicht, heißt es: wieder zurück zum Ruhebild und anschließend noch eine Stufe weiter unten versuchen). Wird diese Stufe angstfrei durchlebt, dann wird die Übung für diesen Tag beendet. An einem folgenden Tag geht es weiter: Zunächst werden alle bisher durchlebten Stufen kurz vorgestellt, dann kommt die Stufe, auf der das letzte Mal Angst auftrat. Hier verweilt das Kind länger. Wenn es sich alles angstfrei vorstellen kann, geht es weiter, zur nächsten Stufe.

Für einen solchen Angstabbau in der Vorstellung sollte ein längerer Zeitraum eingeplant werden. Es ist nicht gut, alles auf einmal zu wollen. Wenn schließlich die höchste Stufe in wiederholten Sitzungen angstfrei durchlebt werden kann, dann kommt der Versuch in der Realität.

Vor der Konfrontation mit einer realen Angstsituation müssen Eltern und Kind gemeinsam darüber reden, ob die Angst realistisch ist, denn bei den meisten Ängsten ist das nicht der Fall. Argumente allein werden allerdings kaum je ein Kind (oder einen Erwachsenen) überzeugen. Doch als Teil eines breiteren Vorgehens ist eine solche Realitätsprüfung wichtig.

In dieser Phase sollte überlegt werden, welche Verhaltensmöglichkeiten das Kind – außer der Entspannung – in dieser spezifischen Situation hat. Wenn man bestimmte Situationen immer meidet, kann man auch keine Verhaltensweisen für den Umgang mit solchen Situationen entwickeln. Verhaltensunsicherheit aber führt leicht zu Angst. Deshalb ist es wichtig, dass Eltern und Kind gemeinsam überlegen, was das Kind in der ängstigenden Situation von sich aus unternehmen kann. Das kann und sollte durchaus in kleinen Rollenspielen ohne jeden Angstcharakter geprobt werden.

Jetzt folgt die Annäherung an eine reale Angstsituation. Auch in der Realität ist es günstig, sich nicht gerade zuerst in die am meisten ängstigende Situation zu begeben, sondern »klein anzufangen«. Bevor sich das Kind in die Situation begibt, sollte es sich gut entspannen. Auch in der Situation selbst empfiehlt es sich – wenn möglich – immer wieder eine Kurzentspannung zu machen, am besten die Atembeobachtung (siehe das Kapitel zur Atementspannung). Hilfreich ist außerdem, wenn sich das Kind in der Situation immer wieder

selbst bestätigt, beispielsweise indem es sich sagt: »Das geht
ja!«, »Das ist ja viel leichter, als ich dachte!« oder indem es
sich kleine Merksprüche vorsagt: »Mit Mut geht's gut!« oder
»Nur ruhig Blut, dann geht's gut!«.

Auf keinen Fall darf das Kind aus der Situation fliehen.
Es ist viel besser, sich zunächst langsam anzunähern und sich
beim ersten Versuch nicht zu tief in die ängstigende Situation
zu begeben, als alles auf einmal zu wollen – und dann vielleicht
alles zu verlieren. Wenn das Kind dennoch aus der Situation
flieht, sollte sofort wieder eine Annäherung stattfinden – aber
nicht zu nahe heran.

Weshalb die erneute Annäherung so wichtig ist? Ein Versuch
sollte nicht mit einem Versagen enden! Und an einem anderen
Tag wird dann eben alles noch einmal probiert. Klappt es dann,
wird das von Eltern und Kind ausgiebig bestätigt und vielleicht
auch gefeiert.

Ein Versuch zur Bewältigung spezieller Ängste mithilfe
der systematischen Desensibilisierung sieht zusammengefasst
so aus:

1. Lernen von Entspannungsübungen;
2. Bewältigung von abgestuften Angstsituationen in der Vorstellung (»Systematische Desensibilisierung«);
3. Bewältigung von abgestuften Angstsituationen in der Realität.

Und hier, auf der dritten Stufe, ist meist eine Gliederung in
folgende Einzelschritte sinnvoll:

- Realitätsprüfung: »Ist die Situation tatsächlich gefährlich?«,
  »Habe ich zu Recht Angst?« (Eltern und Kind sammeln Argumente dagegen.)
- Sammeln eigener Handlungsmöglichkeiten: »Was steht mir
  an Verhaltensmaßnahmen und psychologischen Maßnahmen

zur Verfügung, um der Situation zu begegnen?« (Eltern und Kind stellen gemeinsam einen Handlungskatalog auf.)

◻ Annäherung: Vorher wird entspannt, auch während der Annäherung an die Angstsituation immer wieder. Bewältigungssprüche werden immer wieder vorgesagt.

◻ Nachbereitung: Nachher sollte unbedingt positiv bestätigt (gelobt) werden. Selbst wenn es nicht so gut geklappt hat, findet sich immer etwas Positives, das sich hervorheben lässt.

Die systematische Desensibilisierung sollte am besten von einem Verhaltenstherapeuten durchgeführt werden. Bei Kindern ist in allen Phasen eine Unterstützung notwendig, so durch gemeinsames Aussuchen der passenden Entspannungsübungen und der Merksprüche, durch gemeinsames Sammeln möglicher Verhaltensmaßnahmen zur Bewältigung der Angstsituation und durch Beistand in der Angstsituation. Die Unterstützung der Eltern sollte anfangs stark sein und später, nach Erfolg in einigen realen Angstsituationen, immer mehr abnehmen. So kann das Kind langsam das Gefühl entwickeln, sich der Angstsituation auch allein, ohne Hilfe der Eltern, stellen zu können.

Aber *Achtung*: Dieses Verfahren eignet sich nicht für unklare Ängste. Die Angst muss klar auf ein Objekt oder auf eine eindeutig abgrenzbare Situation beschränkt sein. Auch ist es ungünstig, wenn außer der speziellen Phobie noch weitere Probleme bestehen.

Viele Ängste aus der Kinderzeit kommen im Jugendalter nicht mehr vor. Die Entwicklung zum jungen Erwachsenen stellt Jugendliche aber vor neue Herausforderungen, die wieder mit Ängsten verbunden sein können.

BEISPIEL Jessica, 14 Jahre, wird von den Eltern bei der psychologischen Beratungsstelle angemeldet, weil sie große Probleme mit ihren Mitschülern hat, was sich in letzter Zeit auch auf ihre Leistungen am Gymnasium auswirkt. Sie fühlt sich in der Klasse nicht integriert und hat das Gefühl, nicht mehr dazuzugehören.

Jessica interessiert sich besonders für Tiere und kennt sich auf diesem Gebiet auch sehr gut aus. Anfangs hatte sie im Gymnasium zwei enge Freundinnen, die ihr Interessengebiet teilten. In der letzten Zeit würden sich die beiden aber nur noch für modische Kleidung, Schminke und Jungs interessieren, was sie selbst völlig uninteressant findet. Die anderen Mädchen würden sie seit einigen Wochen ignorieren, weil sie »uncool« angezogen sei und sich nicht schminke. Sie möchte sich den anderen Mädchen nicht anpassen, gleichzeitig fühlt sie sich sehr einsam und isoliert und kann sich nicht mehr auf ihre schulischen Aufgaben konzentrieren. ■

Der Übergang von der Kindheit zum Erwachsenenalter ist keine leichte Zeit. Das gewohnte Umfeld ist immer noch da, aber die Jugendlichen spüren, dass sich etwas verändert. Filme sagen es ihnen, Gespräche mit anderen und selbst ihr eigener Körper wird ihnen fremd. Überall spüren sie neue Erwartungen, die sie verunsichern. Sie sehen sich vor eine Vielzahl von Aufgaben gestellt, die in diesem Lebensabschnitt bewältigt werden müssen, wenn der Übergang zum Erwachsensein gelingen soll. Selten sind diese Aufgaben aber klar ausgesprochen und definiert.

So wird jetzt mehr Selbstständigkeit von ihnen erwartet und nach und nach die Ablösung vom Elternhaus. Einerseits wünschen sich die Jugendlichen diese zunehmende Selbstständigkeit und Unabhängigkeit von den Eltern und Erwachsenen, sie ist aber andererseits nur möglich, wenn der Jugendliche mehr Verantwortung für sein Leben übernimmt, was natürlicherweise mit Ängsten verbunden ist.

Es geht nun auch darum, eine Ausbildungsstelle und einen geeigneten Beruf zu finden, was viele Fragen und auch Ängste aufwirft: Welchen Beruf soll ich ergreifen? Bekomme ich überhaupt eine Ausbildungsstelle oder einen Studienplatz? Was mache ich, wenn ich nichts finde? Und falls ich einen Ausbildungsplatz bekomme, werde ich die Anforderungen bewältigen? Ängste vor der beruflichen Zukunft, vor wachsenden Anforderungen, aber auch vor zunehmender Verantwortung für das eigene Leben sind im Jugendalter typisch und auch bis zu einem gewissen Grad normal.

Hinzu kommen Ängste vor der Zurückweisung durch Gleichaltrige, denn Jugendliche möchten dazugehören, bei den Gleichaltrigen anerkannt und integriert sein. Auch die Kontaktfähigkeit zum anderen Geschlecht wird jetzt erprobt und will neben den körperlichen Veränderungen gemeistert sein.

Die Frage »Wer bin ich?«, also die Frage nach der eigenen Identität, stellt sich in dieser Zeit erstmals und kann im ungünstigen Fall in schwere Selbstwertprobleme münden.

BEISPIEL Jan, 13 Jahre, meldet sich selbst bei der psychologischen Beratungsstelle, weil er nach eigenen Angaben nicht mehr weiß, »wer er ist«. Einerseits möchte er »cool« sein und mit den anderen Jungs in seiner Klasse mithalten; so gibt er beispielsweise wie die anderen damit an, wie viele Freundinnen er schon hatte. Andererseits fühlt er sich schlecht und unehrlich, wenn er das tut, da er sich in Wirklichkeit überhaupt nicht für Mädchen interessiert, sie im Gegenteil eher zickig und schwierig findet. Redet er mit seinen Schulfreunden, so beobachtet er sich dabei selbst und hat das Gefühl, dass es gar nicht Jan ist, der da redet. Er bekommt dann Angst, er könnte verrückt werden. Außerdem macht er sich zurzeit große Sorgen wegen eines möglicherweise bevorstehenden Weltuntergangs. Darüber informiert er sich ständig im Netz und fragt sich, ob sein Leben überhaupt noch einen Sinn hat, da die Welt ja sowieso bald untergehe. ■

In den Kapiteln über Kinderängste haben wir von »Entwicklungsängsten« gesprochen, von Ängsten also, die fast jedes Kind durchmacht und die oft entstehen, wenn das Kind geistig einen Reifungsschritt vollzogen hat. Ähnlich ist es im Jugendalter. In dieser Zeit gibt es vielfältige Entwicklungsaufgaben, die zu Ängsten führen, wenn der Jugendliche meint, sie nicht ausreichend bewältigen zu können. Ein bestimmtes Ausmaß an sozialen Ängsten ist bei Jugendlichen völlig normal und tritt meist nur vorübergehend auf.

BEISPIEL Marie, 15 Jahre, besucht die achte Klasse der Hauptschule und soll ein einwöchiges Berufspraktikum absolvieren. Schon nach ihrem ersten Arbeitstag in einem Frisörgeschäft in der nahe gelegenen Kleinstadt möchte sie nicht mehr hingehen und weigert sich am nächsten Morgen aufzustehen. Auf Nachfrage der Mutter sagt sie, dass es ihr sehr schwer falle, mit der Chefin, den »Kolleginnen« und den Kunden ein Gespräch anzufangen. Die Leute würden sie anschauen und sie Verschiedenes fragen, was ihr peinlich sei, und sie habe Angst, etwas Falsches zu sagen oder sich nicht angemessen zu benehmen.

Marie hat in der Schule Freunde und fühlt sich auch in ihrer Familie und in ihrem kleinen Wohnort wohl. Außerhalb von Schule und Familie hat sie jedoch kaum Kontakte, geht auch selten ans Telefon und kauft nie selbstständig etwas ein. Sie galt schon immer als schüchtern, was bisher, in ihrem beschützten familiären und schulischen Rahmen, aber nie ein Problem war. ■

Entwickeln sich bei einem Jugendlichen starke soziale Ängste, so spielen oft auch äußere Umstände eine Rolle, die die Entwicklung solcher Ängste begünstigen, so beispielsweise familiäre Probleme, hohe schulische Anforderungen, schlechte berufliche Perspektiven, Probleme mit der körperlichen Entwicklung oder der Druck durch die Gruppe der Gleichaltrigen. Erschwerend kommt hinzu, dass sich Jugendliche oft schwer tun, sich mit ihren Problemen und Fragen an Gleichaltrige oder Erwachsene zu wenden, da das Reden über Probleme als »uncool« gilt. Das Gespräch mit den Eltern wird häufig nicht gesucht, da sich der junge Mensch ja von den Ansichten der Erwachsenen distanzieren und zunehmend eigenständig werden möchte. Oft ist in dieser Zeit auch die Eltern-Kind-Beziehung angespannt, da es immer wieder Konflikte mit den Eltern über fehlende Mithilfe im Haushalt, gewöhnungsbedürftige Mode und Styling, mangelndes Interesse an der Schule oder über spezielle Musikvorlieben gibt.

In dieser Zeit spielt es auch eine Rolle, wie sich das Selbstbewusstsein des Jugendlichen bis hierhin entwickelt hat. Selbstbewusstsein ist nicht von Geburt an vorhanden, es entwickelt sich im Laufe des Lebens durch positive und negative Rückmeldungen der Umwelt. Ein Jugendlicher, der während der Kindheit viele positive Rückmeldungen über sich und sein Verhalten erhalten hat, sich seiner selbst also sehr sicher ist, wird die Stürme des Jugendalters voraussichtlich leichter überstehen und aufkommende soziale Ängste besser bewältigen als ein Jugendlicher, der viel Kritik an seiner Person erfahren musste. Letzterer wird sich in vielen Lebensbereichen weniger zutrauen, vielleicht gehemmt sein, was zu negativen Reaktionen der Gleichaltrigen führen kann, wodurch der Jugendliche noch mehr verunsichert wird. So kann leicht ein Teufelskreis entstehen, der beim Jugendlichen in einen sozialen Rückzug mündet, der verhindert, dass er sich angemessen mit seinen Entwicklungsaufgaben auseinandersetzt und neue soziale Fähigkeiten erwirbt. Auf diese Weise entstandene soziale Ängste können sehr hartnäckig sein und es bedarf oft einer professionellen therapeutischen Unterstützung.

Neben den sozialen Ängsten, die bei Jugendlichen zu den häufigsten Ängsten gehören, kommen im Jugendalter bereits Ängste vor, die auch für das Erwachsenenalter typisch sind. Der Jugendliche ist jetzt in seiner geistigen Entwicklung so weit, dass er sich mit bestimmten Tatsachen auseinandersetzen kann, was in der Kindheit noch nicht möglich war, oder die ihm verschwiegen wurden: Tod, Gewalt, Umweltzerstörung, Arbeitslosigkeit, Hunger, Krieg. Die damit verbundenen Ängste können Menschen ein Leben lang begleiten und bei sensiblen Menschen zu einem dauernden Gefühl der Bedrohung und Existenzangst führen.

Prüfungs- und Schulängste, die meist in der Kinderzeit entstehen, können bis ins Jugendalter hinein »mitgenommen« werden und sich durch zunehmenden Leistungsdruck sogar noch verstärken.

Auch Phobien, die in der Kindheit entstanden sind, können über das Jugendalter hinweg bis ins Erwachsenenalter fortbestehen.

▬ ▬ Was können Eltern tun?

Gerade weil sich die Jugendlichen mit ihren Ängsten oftmals nicht von sich aus an andere wenden, ist es wichtig, dass die Eltern nicht wegschauen, sondern ihren Sohn oder ihre Tochter ansprechen, wenn sie Angstsymptome beobachten. Zu solchen Symptomen gehören der soziale Rückzug (der Jugendliche trifft sich nicht mehr mit Gleichaltrigen, isoliert sich zunehmend auch innerhalb der Familie), Vermeidungsverhalten (geht nicht mehr zur Schule oder auf außerschulische Veranstaltungen), der Jugendliche wirkt depressiv oder aggressiv, zeigt Anzeichen von Sucht (Alkohol, Computerspiele) oder hat massive Probleme in Schule oder Ausbildung.

Auch wenn Jugendliche für Eltern oft »anstrengend« sind, weil sie sich den Erziehungsbemühungen widersetzen, ist es wichtig, dass die Eltern den »Draht« zu ihren Kindern nicht verlieren, sondern nach dem Grundsatz »Beziehung ist wichtiger als Erziehung« handeln. Wenn es gelingt, mit dem Jugendlichen trotz gelegentlicher, »normaler« Konflikte im Dialog zu bleiben, ihm zuzuhören und zu versuchen, seine Haltung, seine Sorgen und Ängste zu verstehen, hat man für die Vorbeugung sozialer Ängste eine ganze Menge getan.

Vieles von dem, was Jugendliche an Ängsten vorbringen, mag Erwachsenen absurd oder weit übertrieben vorkommen. Informationen über *reale* Gefährdungen können da ein wenig helfen, viel wichtiger aber ist einfach Unterstützung, die Vermittlung eines Gefühls der Sicherheit, dass da immer jemand ist, auf den der Jugendliche bauen kann. Wichtiger als das Eingehen auf die sachlichen Aspekte der Angst ist also die emotionale Seite der Angst. Die Angst vor einem Atomkrieg kann eben auch nachlassen, wenn Jugendliche erleben, dass ihre Eltern sie (bei allen notwendigen Auseinandersetzungen) ohne Bedingungen etwa bei der Berufssuche unterstützen, auch wenn sich dadurch die reale Kriegsgefahr nicht im Geringsten ändert.

Auch in diesem Lebensabschnitt brauchen Kinder viel Unterstützung und Lob, damit sie ein positives Selbstbild aufbauen können. Nicht zuletzt ist es für Jugendliche wichtig zu hören, dass auch ihre Eltern Ängste haben und sich ihrer selbst nicht immer ganz sicher sind. Wie schon in den Kapiteln über Kinderängste ausgeführt wurde, sind für Heranwachsende Modelle und Vorbilder wichtig, die nicht wie Supermann oder Superfrau daherkommen, sondern selbst Schwächen zugeben und sich um die Bewältigung dieser Schwächen bemühen.

Die systematische Desensibilisierung, mit der das vorletzte Kapitel schloss, ist bereits ein ausgefeiltes Verfahren zur Beseitigung spezieller Ängste. Für allgemeine, nicht genau fassbare Ängste eignet sie sich nicht. Aber auch hier lässt sich einiges tun.

Alles hat bekanntlich mindestens zwei Seiten. Wenn uns eine Seite gerade besonders beschäftigt, neigen wir dazu, die andere zu vergessen. Das ist nicht gut, da es dazu führen kann, extreme Haltungen der Ablehnung oder Zustimmung einzunehmen. Extreme Haltungen sind fast nie realitätsgerecht. Sie stören die angemessene, differenzierte Auseinandersetzung mit den Dingen, mit der uns umgebenden Welt. Das ist bei der Angst nicht anders. Deshalb wollen wir zuallererst ein etwas anderes Gesicht von ihr zeigen.

▬ ▬ Angst und Lust

Unsere Ängste haben zuweilen viel Nähe zu Lustempfindungen, nicht umsonst gibt es Horrorfilme und Thriller jeder Art. Auch für Kinder existieren entsprechende Angebote: die berüchtigte Geisterbahn zum Beispiel.

BEISPIEL Simon, fünf Jahre alt, darf mit seinen Eltern auf einen Jahrmarkt in der Großstadt gehen. Vor der Geisterbahn bleibt Simon stehen und schaut ängstlich nach den gewaltigen Monstern, die außen zu sehen sind, die sich hin und her bewegen und fürchterliche Laute von sich geben. Er fragt seine Eltern, ob da echte Geister drin seien, was diese natürlich verneinen. Dann sieht Simon, wie einige ältere Kinder laut lachend aus der Geisterbahn aussteigen und sich gleich noch einmal für eine Fahrt anstellen.

Jetzt möchte Simon auch fahren. Sein Vater besorgt Karten, und die beiden setzen sich in einen der Wagen hinein.

Jetzt geht es erst einmal hinein ins Dunkel, ängstlich klammert sich Simon an seinen Vater. Da taucht auch schon ein heulendes Gespenst an der Seite auf, Simon drückt sein Gesicht in den Mantel seines Vaters. Gleich muss er aber wieder hingucken. Jetzt zeigt sich ein leuchtender Totenkopf über ihnen, der mit dem Unterkiefer klappert. So geht die Fahrt weiter, bis die beiden wieder wohlbehalten am Ausgang ankommen. Bleich steigt Simon aus und froh, dass er die Fahrt überstanden hat. Sein Vater fand die Geisterbahn ganz toll und erzählt der Mutter auf dem weiteren Weg, wie lustig die Geister waren. Da sagt Simon plötzlich: »Gell, Papa, nächstes Mal fahren wir wieder Geisterbahn!«

Abends erzählt Simon seiner Oma, wie toll es in der Geisterbahn war. ■

Unter Angst stellen wir Erwachsenen uns gemeinhin einen unangenehmen Spannungszustand vor, den es gilt, schnell zu beenden oder aber ihn von vornherein zu vermeiden. In unserem Fallbeispiel erlebt Simon in der Geisterbahn erhebliche Angst, drängt aber später danach, diese Situation noch einmal zu erleben.

Bei Kindern kann man oft beobachten, dass sie sich selbst Angsterlebnisse verschaffen oder schon bekannte Angstsituationen wiederholen. Das beste Beispiel dafür sind Karussells auf dem Jahrmarkt, an erster Stelle die Achterbahn mit mehrfachem Looping. Die ängstliche Anspannung steigt mit dem Ansteigen des Wagens zum höchsten Punkt, dann kommt die rasante Abfahrt. Trotz aller Angst erleben Kinder die Fahrt mit der Achterbahn offensichtlich ausgesprochen lustbetont.

Kinder reizt es, ihre Angst zu überwinden. So klettern sie auf die höchsten Klettergerüste und auf Bäume, sie kriechen in dunkle Höhlen oder Röhren. Dabei kribbelt es zunächst vor Spannung. Die Lösung der Angst aber, wenn sie oben angelangt oder wieder heil heruntergekommen sind, ist für sie ausgesprochen genussvoll.

Auch verbotene Dinge reizen Kinder besonders. Das Eis auf dem zugefrorenen See zu betreten und auszuprobieren, ob es trägt, oder auf einer gefährlichen Baustelle herumzuklettern: Genau das sorgt für den gewünschten »Nervenkitzel« und wird deshalb von Kindern immer wieder ausprobiert. Sie möchten ihre Angst überwinden und dadurch Lust und Spaß empfinden.

So funktioniert auch das bekannte Kinderspiel »Wer hat Angst vorm schwarzen Mann?«. Ein Kind schreit diese Frage laut auf der einen Seite der Wiese oder des Raumes. Die anderen Kinder antworten ebenso laut: »Niemand!« Da ruft wieder der schwarze Mann: »Soll er kommen?« Und alle Kinder schreien aufgeregt: »Ja!«, und rennen auch schon los, so schnell sie können, um nicht gefangen zu werden. Bei diesem Spiel laufen die Kinder auf das, was sie ängstigt, direkt zu und genießen es, wenn sie entkommen sind.

Die Nachbarkinder in unserem Wohnviertel haben ein neues Spiel entdeckt: Auf ihren Rollschuhen warten sie in einer Einfahrt, bis ein Auto kommt. Dann stürzen sie mit lautem Geschrei auf die Straße und fliehen schreiend vor dem Auto her. Das Auto hupt und die Kinder schreien noch lauter. Sie machen nicht Platz, sie nehmen die ganze Breite der Straße ein. An einer geeigneten Stelle biegen sie schließlich in eine Einfahrt ab – und warten auf das nächste Auto aus der Gegenrichtung.

Zwei weitere Beispiele: Das einfache Fangenspiel, bei dem das weglaufende Kind Angst hat, vom anderen gefangen zu werden und deshalb »um sein Leben läuft«. Auch Verstecken ist so ein Angst-Lust-Spiel, bei dem das versteckte Kind ängstlich-lustvoll darauf lauert, ob der Suchende schon in der Nähe ist.

Jedes Jahr kehren sie wieder und werden voller Spannung erwartet: Nikolaus und sein Geselle Knecht Ruprecht. Letzterer soll die Kinder mit seiner Rute in Angst versetzen, während sie vom Nikolaus dann letzten Endes doch etwas Gutes bekommen. Selbst wenn es keinen Knecht Ruprecht gibt, so kennt der Nikolaus die guten und bösen Taten der Kinder – und außerdem erwartet er womöglich ein gut aufgesagtes Gedicht. Dies alles kann Angst erzeugen. Trotzdem freuen sich die Kinder alljährlich auf den Nikolaus – weil sie schon wissen, dass alles gut ausgeht. Dass es Erwachsene gibt, die dabei das Angstmachen übertreiben, und sich die Kinder deshalb schreiend unter dem Tisch verstecken, sei nur am Rand als nicht nachahmenswert erwähnt.

Bei fast allem, was Kinder neu lernen, ist zunächst einmal Angst im Spiel, sei es beim Roller- oder Fahrradfahren, beim Rollbrett- oder Schlittschuhlaufen oder beim Schwimmenlernen. Je sicherer die Kinder werden, je besser sie die neue Fähigkeit beherrschen, desto stärker kommt die Lust ins Spiel, und schließlich ist das vormals Neue gar nicht mehr fremd und wird nur noch als schön erlebt.

Als Beitrag zur Angstüberwindung können auch viele Märchen angesehen werden. Hier passiert zunächst etwas Schreckliches, beispielsweise wird Hänsel in einen Käfig gesteckt und alles deutet darauf hin, dass er bald ein unglückliches Ende unter dem

Messer der Hexe nehmen wird. Das erzeugt erst einmal Angst, die sich dann aber auflöst, wenn Gretel die Hexe in den Backofen schiebt und die Kinder wieder glücklich zu Hause ankommen.

Eltern äußern in der Beratung immer wieder, dass sie ihren Kindern niemals Märchen vorlesen, da die so »grausam« seien. Sie möchten sie vor dem Nervenkitzel und der Angst schützen, die durch solche Geschichten entstehen könnten. Damit nehmen sie dem Kind aber die Chance, die positiven Seiten des Nervenkitzels und das »Durchgehen durch die Angst«, das Bewältigen der Angst zu erleben. Mithilfe der Märchen können Kinder in geschützter Umgebung und zusammen mit ihren Eltern Angstbewältigung üben und sich so besser wappnen für die vielfältigen Ängste des Alltags.

Trost und Ermutigung

Kinder stehen noch nicht allein in der Welt. Sie sind auf andere, auf Erwachsene angewiesen. Gerade bei der Konfrontation mit Angst erregenden Situationen oder Vorstellungen zeigt sich ihnen das selbst sehr deutlich. Sie benötigen dann Schutz und Trost. Hilfe zur Selbstständigkeit ist eine gute Sache, mit Trost aber sollten die Eltern deswegen nicht sparen, wenn das Kind danach sucht. Vor allem von kleineren Kindern wird Trost oft auch bei Schmusetieren und Ähnlichem gesucht.

Zum Trost gehört die Ermutigung. Trost ist der Schutz, Versicherung eines geborgenen Raumes, Versicherung, dass das Kind angenommen wird, so wie es ist. Ermutigung stärkt das Selbstbild des Kindes, weist damit wieder den Weg hinaus, wohin es das Kind von selbst zieht, vermittelt wieder mehr Sicherheit, den Weg auch zu gehen.

Zur Ermutigung gehört, auf die Fähigkeiten hinzuweisen, die das Kind schon hat, auf positive Aspekte der jeweiligen Situation, die das Kind sonst vielleicht übersehen würde, weil Angst oder Enttäuschung zu stark sind:

◻ »Ich bin ja da, alles ist gut.« (Schutz)

◻ »Das hat dir Angst gemacht, ja. Aber trotzdem hast du ...« (Ermutigung, dabei einige konkrete positive Punkte betonen)

◻ »Pass auf, probier es doch noch einmal! Aber diesmal ...« (Ermutigung, es noch einmal zu versuchen, mit konkreten Vorschlägen, die einen besseren Ausgang wahrscheinlich machen)

Solche Äußerungen und Unterstützung geben Trost und Ermutigung. Ein konkretes Beispiel:

BEISPIEL Max hat seinen ersten Kindergartentag. Zusammen mit seiner Mutter geht er erwartungsvoll dorthin, zieht die Hausschuhe an und betritt den Gruppenraum, wo er von der Erzieherin freundlich begrüßt wird. Er gibt ihr die Hand, schaut aber ängstlich nach seiner Mutter. Diese bleibt noch eine halbe Stunde, bis Max angefangen hat, mit zwei anderen Kindern zu spielen. Sie verabschiedet sich und verlässt den Raum. Jetzt gerät Max völlig aus der Fassung. Er beginnt laut zu weinen und rennt der Mutter hinterher. Schreiend klammert er sich an die Mutter, die nun unsicher ist, was sie tun soll. ■

Was ist zu tun?

Ihrem Instinkt folgend, nimmt die Mutter Max erst mal in den Arm, streichelt und tröstet ihn (Schutz). Würde sie Max jetzt mit nach Hause nehmen und ihn dort weiter trösten, wäre die ganze Situation für Max eine Niederlage und er würde sich vermutlich am nächsten Tag weigern, den Kindergarten zu betreten. Um jetzt richtig zu handeln, darf die Ermutigung nicht fehlen und der Hinweis auf das, was das Kind bereits an positivem Verhalten gezeigt hat. Die Mutter könnte etwa nach dem Trösten zu Max sagen: »Ich finde es ganz wunderbar, wie du heute mit mir in den Kindergarten gelaufen bist, deine Hausschuhe angezogen hast und der Frau Kober (Erzieherin) die Hand gegeben hast. Das hast du super gemacht, ich bin mächtig stolz auf dich. Bevor ich gegangen bin, hast du gerade mit Jannik und Marcel in der Bauecke gespielt. Komm, wir gehen mal nachschauen, was die gerade machen. Bestimmt freuen die sich, wenn du gleich wieder mitspielst.«

Hat sich die Situation beruhigt, verlässt die Mutter den Kindergarten.

▪▪ ▬ Selbstvertrauen stärken

Viele Eltern wissen gar nicht, wie oft sie ihr Kind entmutigen, sein Selbstvertrauen beeinträchtigen. In bester Absicht weisen sie es auf (in ihren Augen) falsches oder ungeschicktes Verhalten hin. Dies sehen sie als ihre Erziehungsaufgabe an. Doch zu viel Kritik macht Kinder selbstunsicher, nie bekommen sie das Gefühl, etwas gut zu machen.

Nehmen wir zum Beispiel einen Vierjährigen, der seiner Mutter beim Kuchenbacken helfen will. Beim Schütten des Zuckers in die Teigschüssel verkleckert er einen Teil des Zuckers auf den Boden. Beim Mehlsieben siebt er daneben, weil er gerade sieht, wie eine Katze durch den Garten läuft. Schließlich möchte er den Teig noch mit dem Handrührgerät mixen und zieht währenddessen die Stäbe aus dem Teig. Ein Teil des Teigs spritzt an die Küchenwände, auf den Boden und in die Kleidung von Mutter und Sohn.

Die Hilfe dieses Jungen war alles andere als perfekt. Hätte die Mutter den Kuchen allein gebacken, wäre sie schneller fertig geworden. Und sie hätte sich das zeitraubende Saubermachen der Küche erspart. In einer solchen Situation ist es nur verständlich, wenn die Mutter zu schimpfen anfängt: »Pass doch auf, du verschüttest ja den ganzen Zucker, du bist aber auch ungeschickt! Schau doch hin, wenn du das Mehl siebst! Also, das nächste Mal backe ich den Kuchen allein, du bist anscheinend noch zu klein zum Helfen! Es ist doch klar, dass man den Mixer im Teig drin lässt, wenn man ihn startet! Mit dir kann man wirklich nichts anfangen!«

Trotz allem Ärger über die Missgeschicke des Jungen sollte man sich trotzdem klarmachen: Kinder sind in fast allen Fertigkeiten noch nicht so weit wie Erwachsene, die eine bestimmte Tätigkeit (so das Kuchenbacken) schon viele Male ausgeführt haben. Mit zu viel Kritik nehmen wir dem Kind den Mut, etwas noch mal zu probieren und so mit der Zeit tatsächlich geschickter zu werden. Häufige Kritik führt beim Kind zu Selbstaussagen wie: »Ich kann gar nichts, ich bin ungeschickt, ich bin zu nichts nütze.« Das Kind wird bestimmte Tätigkeiten zunehmend vermeiden, weil es befürchtet, ihnen nicht gewachsen zu sein bzw. sich wieder ungeschickt anzustellen. Selbstunsicherheit und damit die Angstbereitschaft werden dadurch gefördert.

Kritik ist oftmals nötig und sollte dann auch erfolgen. Dabei sollten sich die Eltern aber immer sachlich auf das unzulängliche Verhalten beziehen und keinesfalls das Kind selbst angreifen. Also durchaus der Hinweis: »Pass auf, du verschüttest ja den ganzen Zucker!« (Kritik des Verhaltens), aber keinesfalls: »Du bist aber ungeschickt!« (Kritik der Person).

Bei selbstunsicheren Kindern sollten sich die Eltern immer wieder einige Fragen stellen:

- »Ermutigen wir unser Kind im Alltag genügend?«
- »Trauen wir ihm genügend Dinge zu und geben ihm entsprechende kleine Aufgaben?«
- »Entmutigen wir – ohne es zu wollen – unser Kind vielleicht, indem wir ihm zu häufig signalisieren, was es alles noch nicht kann?«

Auch einige Klärungen zur eigenen Person und zu den eigenen Wertvorstellungen können hier helfen: »Was ist mir wichtiger? Sauberkeit und Perfektion im Haushalt oder die Persönlichkeitsentwicklung meines Kindes? Woher kommt mein Hang zum Perfektionismus? Was habe ich in meiner eigenen Familie über Ordnung und Sauberkeit gelernt, und wie ging es mir als Kind damit?«

Fast in jedem Fall ist es sehr günstig, wenn die Eltern einige Tage lang eine Strichliste führen, auf der sie eintragen, wie häufig sie ihr Kind loben und ermahnen. Das fördert das Gespür für das eigene Verhalten. Dabei geht es zunächst nur um die reine Beobachtung, völlig wertfrei, ganz gleichgültig, ob Lob oder Ermahnung berechtigt bzw. notwendig sind oder nicht.

Als Ablehnung gilt etwa: »Nein!« oder »Lass das!« oder »Wie oft hab ich dir schon gesagt ...«.

Das Ergebnis dürfte fast immer für sich sprechen. Ermahnungen und Zurechtweisungen müssen sein. Loben ist aber noch viel wichtiger. Beides sollte in einem einigermaßen vertretbaren Verhältnis zueinander stehen.

Aber nicht nur häufiges Nörgeln über das Verhalten des Kindes kann zu Selbstunsicherheit führen, sondern auch ein zu starkes Beschützen und Umsorgen des Kindes. Manche Eltern

	Lob	Ermahnung	Ablehnung
Montag			
Dienstag			
Mittwoch			
Donnerstag			
Freitag			
Samstag			
Sonntag			

nehmen ihren Kindern alles ab und rauben ihnen damit jede Möglichkeit, etwas zu lernen.

Ein dreijähriges Kind benötigt noch einige Zeit, um sich anzuziehen. Trotzdem ist es nicht richtig, ihm dies immer abzunehmen, nur weil es Mühe macht oder viel Zeit kostet. Ziehen die Eltern das Kind täglich an, wird es im Anziehen keine weiteren Fertigkeiten entwickeln und hinter anderen Kindern seines Alters zurückbleiben. Neu gelernte Fertigkeiten erzeugen bei Kindern hingegen enormen Stolz und ein Stück mehr Selbstsicherheit.

Vorbild sein

Kinder lernen sehr vieles am Vorbild – Gutes und Schlechtes. Da Kinder am häufigsten mit ihren Eltern zusammen sind, gibt es für diese reichlich Gelegenheit, ein gutes Vorbild zu sein.

Am Vorbild sieht das Kind, dass es überhaupt möglich ist, einer bestimmten Situation gegenüberzutreten und ihr gewachsen zu sein. Es sieht, welche erfolgreichen Verhaltensweisen es gibt und wie diese eingesetzt werden.

Vorbild zu sein heißt aber nicht, dass Eltern etwa behaupten sollen, Schwieriges sei ganz einfach, Ängste hätten sie selbst nie und sie sähen auch gar nicht ein, weshalb das Kind welche haben sollte. Kinder lernen am besten an einem Vorbild, das auch Schwierigkeiten hat und Ängste zeigt – diese dann aber durch positiv bewältigendes Verhalten überwindet.

Eltern können und sollten also durchaus über eigene Ängste reden – und ausdrücken, am besten in der Alltagssituation zeigen, wie sie diese bewältigen.

■ ■ Stellvertretende Bewältigung

Die von ihrem Kind meist sehr groß eingeschätzte Kompetenz können Eltern auch zur stellvertretenden Bewältigung einsetzen. Eine Möglichkeit dabei ist, dass ein Elternteil im Rollenspiel die Position des Kindes einnimmt und das Problem erfolgreich bewältigt (zum Rollenspiel siehe das Kapitel dazu). Und dann ist das Kind an der Reihe – zunächst auch im Rollenspiel.

Eine andere Möglichkeit hilft besonders bei irrealen Ängsten, vor allem bei jüngeren Kindern, bei denen magische Vorstellungen noch eine große Rolle spielen. Eltern sollten sich nicht scheuen, durchaus auch einmal so etwas wie eine Gespensteraustreibung zu veranstalten. Oder ein Beißverbot an alle Hunde zu erlassen: Beschnuppern erlaubt, aber beißen verboten! Darüber kann auch ein Schriftstück ausgestellt, unterschrieben und dem Kind zur Aufbewahrung gegeben werden – oder das Kind hängt es sich in seinem Zimmer über das Bett. Vermeintliche Krokodile unter dem Bett können beispielsweise vom Vater mit großem Geschrei, einem Stock oder einer angezündeten Kerze aus dem geöffneten Fenster gejagt werden.

Irrationale Vorstellungen sind gang und gäbe – nicht nur bei Kindern. Werden sie ansonsten nicht bestärkt, lassen sie sich durchaus verwenden, um auch einmal etwas Gutes zu bewirken, denn sie wirken überraschend gut! Das ist auch im Sinne einer sich selbst erfüllenden Prophezeiung zu verstehen: Wenn das Kind nach einer Beschwörung mit weniger Angst an Hunde herangeht, wird es erleben, dass diese ihm nichts tun. Wenn das Kind anderen Kindern gegenüber lockerer und unverkrampfter auftritt (weil es sich weniger fürchtet), dann wird es bessere Kontakte finden und seine Angst tatsächlich als unbegründet erleben.

▬ ▬ Wissensvermittlung

Wissensvermittlung und Aufklärung allein wird im Kind kaum viel bewirken. Erfahrungen sind so sehr viel eindrücklicher als das bloß Gehörte, dass sie beim direkten Vergleich stets obsiegen werden. Hat das Kind schlechte Erfahrungen gemacht, lassen sich diese durch Wissensvermittlung allein kaum zurechtrücken.

Das heißt aber nicht, dass Wissen nichts hilft. Manche Ängste von Kindern bestehen – auch – aufgrund von falschen, irrealen Vorstellungen über die jeweilige Sache. Deshalb sollte genau gefragt werden, was das Kind denn eigentlich befürchtet und warum.

BEISPIEL Jonas hat Hundeangst. Auf Befragung äußert er die Angst, gebissen zu werden. Auf die Nachfrage, weshalb das schlimm sei, meint er: »Wegen den Bakterien. Sie dringen dann vom Mund des Hundes in mich ein und machen sehr krank.« ▪

Jonas hat irgendwo von der Gefahr einer Erregerübertragung gehört und das in übertriebener Art und Weise verinnerlicht.

Hier kann Wissensvermittlung helfen. Allein wird sie seine Hundeangst allerdings nicht beseitigen können, denn sicher ist dieser Punkt nur ein Baustein in Jonas' Hundeangst. Und selbst wenn es gelänge, alle Vorbehalte des Verstandes auszuräumen – das Gefühl lässt sich durch Wissen viel schlechter beeinflussen.

Außerdem basiert Angst natürlich häufig keineswegs auf falschem Wissen. Dass Hunde beißen können, ist durchaus richtig. Meist sind es lediglich übertriebene Vorstellungen der tatsächlichen Gefahr, die Angst machen. Und da hilft am besten Erfahrung.

▬ ▬ Verstärkung

Verhaltensweisen, die bewältigenden Charakter haben, oder Verhaltensweisen zum Aufbau sozialer Kompetenz können von Eltern auch gezielt verstärkt werden. Verstärkung wird hier im Sinne der Lerntheorie verstanden. Dabei gibt es für jede vorher abgesprochene positive Verhaltensweise eine kleine Belohnung. Mit dem Kind wird vorher klar vereinbart, um welche Verhaltensweise es sich handelt und welche Belohnung es erhält. Meist ist es sinnvoll, hier Schritt für Schritt vorzugehen, erst mit einer Kleinigkeit anzufangen, dann die Anforderungen langsam höher zu schrauben – aber immer so, dass das Kind sie bewältigen kann.

BEISPIEL Tanja ist sehr schüchtern. Sie redet im Kindergarten von sich aus gar nichts, ist dort völlig passiv. Gemeinsamen Aktivitäten entzieht sie sich so weit wie möglich. Gemeinsam mit Tanja und den Erzieherinnen wird nun vereinbart, dass Tanja für jeden Tag, an der sie an einer gemeinsamen Aktivität im Kindergarten teilnimmt, einen Aufkleber in das entsprechende

Tageskästchen eines Kalenders bekommt. Wenn sie an fünf Tagen hintereinander solche Aufkleber im Kalender vorweisen kann, dann darf sie sich ein Spiel ausdenken, das sie mit Mutter und Vater zu Hause spielt. ■

Den Eltern erschien die Anforderung eigentlich viel zu gering, denn schon jetzt nimmt Tanja fast täglich an solchen Kindergartenaktivitäten teil, wenn auch ungern. Selbst aktiv auf jemanden zuzugehen und ein Spiel vorzuschlagen (was die Eltern wollten), verweigerte Tanja aber vehement. Eine solch geringe Anforderung ist daher ein guter Einstieg. Denn wenn sie auch am bestehenden Verhalten vielleicht gar nichts ändert, so sensibilisiert sie das Kind doch für die Verhaltensweisen, auf die es ankommt. Und es lässt diese – wegen der Belohnung – in einem besseren Licht erscheinen. Vorher waren sie Tanja nur unangenehm. Jetzt werden sie mit etwas Angenehmem verbunden.

Wenn die zunächst niedrig gesteckten Anforderungen erreicht sind, wird die Latte für Belohnungen etwas höher gelegt. Dabei ist aber immer daran zu denken, dass das Ziel nicht nur nach Ansicht der Eltern, sondern auch subjektiv für das Kind erreichbar bleibt. Außerdem ist es wichtig, dass das Verhalten zumindest zum Teil von außen feststellbar sein muss, von den Eltern oder anderen Erwachsenen, die mit dem Kind zu tun haben.

Auch bei den Belohnungen muss einiges bedacht werden. Vorschläge dazu machen am besten die Eltern, das Kind darf auswählen. Es sollte sich nicht nur um materielle Dinge handeln, und wenn, dann sollten sie nicht teuer sein. Schon ein Aufkleber im Kalender (der zu diesem Zweck zusammen mit dem Kind gebastelt werden kann) oder auf einem einfachen Pappkärtchen mit dem Namen des Kindes, kann als Belohnung wirken. Gut ist es, wenn Dinge als Belohnung angeboten werden, die eigentlich sowieso zum Alltag gehören sollten, vielleicht sogar in Richtung des erwünschten Verhaltens gehen (so zum Beispiel gemeinsames Spiel, wenn auch »nur« mit den eigenen Eltern).

Die Belohnungen sollten nicht zunehmend wertvoller ausfallen, wenn mehr bewältigt wird, sondern die Anforderungen für Belohnungen werden verändert. Wenn Tanja zunächst schon für die bloße Teilnahme an einer Kindergartenaktivität ihren Aufkleber bekam, ist nach einiger Zeit mehr dafür erforderlich, einen Aufkleber zu bekommen. Es wird mit ihr abgesprochen, dass sie nun ein anderes Kind zu einem gemeinsamen Spiel auffordern muss. Jetzt ist ihr das auch möglich, was vorher noch nicht der Fall war.

Auch einfache Veränderungen der Anforderung können sich manchmal als notwendig erweisen, bevor es zu einer Höhersetzung kommt. Denn es kann zu Entwicklungen kommen, an die man vorher nicht dachte. Wenn sich zeigt, dass Tanja zwar täglich ein Kind zu einem Spiel anspricht – aber immer dasselbe, dann erfüllt sie die Anforderungen nicht ganz im erwarteten Sinne. Dennoch wird man das eine Zeitlang akzeptieren müssen und wie vereinbart belohnen, denn natürlich ist es günstig, wenn Tanja jemanden findet, mit dem sie weniger Scheu im Umgang hat. Bleibt das Verhalten anderen gegenüber gleich, dann sollte das Ziel aber etwas verändert werden. Mit Tanja wäre dann zu vereinbaren, dass es für die Belohnung nun nötig ist, alle paar Tage ein anderes Kind anzusprechen.

Das Verhalten, um das es geht, wird von den Kindern zunächst oft nur widerwillig gezeigt. Deshalb gibt es die Belohnungen. Aber grundsätzlich ist das Umgehen mit anderen

Kindern, sind soziale Aktivitäten für das Kind etwas Positives, sie wirken – wenn sie erfolgreich sind – selbstverstärkend. Es ist daher kaum zu befürchten, dass das Kind auf Belohnungen fixiert bleibt. Oft müssen diese von den Eltern gar nicht »ausgeschlichen« werden, sondern verlieren bei den Kindern selbst nach einiger Zeit so an Gewicht, dass sie fast unbemerkt wegfallen können. Das soziale Verhalten trägt sich dann selbst. Die Belohnungen sind nur nötig, um über die Anfangsschwierigkeiten hinwegzukommen. Bedenken sind bei der Belohnung sozialen Verhaltens deshalb kaum je nötig. Schon gar nicht, wenn keine materiellen Dinge gegeben werden.

▪▪ Erinnerungskarten

Um vereinbarte Ziele besser zu vergegenwärtigen, ist es günstig, Erinnerungskarten anzulegen. Ältere Kinder, die schon schreiben können, machen sie am besten allein, bei jüngeren Kindern helfen die Eltern.

Auf einer Erinnerungskarte sollte etwas gemalt sein, das im weitesten Sinne das Gemeinte symbolisiert. Geht es etwa darum, laut und deutlich zu reden, dann könnte ein Kindergesicht mit weit offenem Mund abgebildet sein. Und daneben wird das Ziel in einem prägnanten Satz formuliert. Hier sollten die Eltern auf jeden Fall helfen, und zwar indem sie den Satz nicht einfach vorgeben, sondern verschiedene Vorschläge des Kindes selbst besprechen und mit ihm den besten auswählen.

Damit Erinnerungskarten auch wirklich erinnern, müssen sie dem Kind gewärtig sein. Sie können dazu beispielsweise über dem Bett des Kindes oder an einer sonstigen markanten Stelle aufgehängt werden. Wenn das Kind sie aber an einer geheimen

Stelle deponieren möchte, ist das auch in Ordnung. Die Eltern sollten dann aber ab und zu testen, ob das Kind auch wirklich an die Karten denkt.

▄ ▄ Rollenspiele

Bei einer Vielzahl von Ängsten im sozialen Bereich kann zu Hause, in einer geschützten Umgebung, das Rollenspiel helfen – um sich einmal Luft zu machen (das tut gut), zur besseren Selbst- und Fremdwahrnehmung, um verschiedene Verhaltensweisen auszuprobieren und miteinander zu vergleichen oder um eine optimale Verhaltensweise einzuüben. Themen für Rollenspiele ergeben sich aus den Problemen des Kindes. Auch in den Tipps für Kinder (siehe das Kapitel »Daran denken«) findet sich einiges, das als Anregung für Rollenspiele dienen kann.

Ein Beispiel ist der Satz: »Überlege nicht nur, *was* du sagst, sondern auch *wie* du es sagst! Denn etwas unfreundlich Gesagtes nehmen andere viel schlechter auf, als wenn es freundlich gesagt wird.« Dazu können Kinder im Rollenspiel üben, wie eine Kontaktaufnahme oder eine Absage etc. am besten formuliert wird.

Ein weiteres Beispiel ist der Satz: »Höre nicht nur zu, wenn andere Kinder da sind, sondern stelle auch Fragen, und vor allem: Erzähle auch selbst etwas!« So etwas sollte praktisch geprobt werden, eben in einem Rollenspiel. Sonst bleibt es zu blass, es fehlt an der nötigen Gewandtheit und die Umsetzung des Satzes in der alltäglichen Kommunikation fällt viel schwerer.

Beim Rollenspiel verteilt am besten das betroffene Kind die Rollen. Erwachsene oder Geschwister spielen dann die zugeteilten Rollen nach Angaben des Kindes. Während des Spiels korrigiert das Kind, bis »alles stimmt«. Es kann zunächst einmal gespielt werden, wie das Kind sich üblicherweise verhält. Und dann wird geprobt, wie es auch anders ginge.

Wenn es um besseres Verhalten geht, machen die anderen Vorschläge. Das betroffene Kind muss aber mit einem Vorschlag einverstanden sein, bevor gespielt wird. Mehrere Durchläufe sind nötig und sinnvoll.

Rollenspiele sind sehr hilfreich. Sie verdeutlichen mehr, als mit Worten gesagt werden kann. Durch seine leitende Funktion fühlt sich das betroffene Kind mit seinem Problem ernst genommen – und zwar in einer für die Lösung hilfreichen Art und Weise. Und nicht vergessen: Rollenspiele können darüber hinaus viel Spaß bereiten.

Gefühlsveränderung durch Lautstärke

Um sich bewusst zu werden, wie Redeweise und Gefühle zusammenhängen, kann folgende kleine Übung helfen. Ein Satz wird in verschiedenen Lautstärken variiert. Erst wird er geflüstert, danach leise, dann mit normaler Stimme, anschließend laut gesprochen, zuletzt geschrien. Jedes Mal wird das Kind gefragt, wie es sich dabei fühlt.

Wenn sich das Kind dazu nicht äußern kann, helfen die Eltern. So können Vergleiche mit Tieren sinnvoll sein. »Ich fühle mich wie ... eine Maus ... ein Elefant ... etc.« Und anschließend sprechen Eltern und Kind darüber, was das denn nun bedeuten mag. Für was steht eine Maus? Für was ein Elefant?

So erfahren Kinder, wie die Lautstärke mit Schüchternheit, Mut, Prahlerei, Aggressivität etc. zusammenhängt: dass sich die eigenen Gefühle ein wenig damit verändern, wie laut man etwas sagt. Und natürlich fassen die anderen, die Zuhörer, das Gesagte je nach Lautstärke auch anders auf.

Gerade für schüchterne und ängstliche Kinder ist es sowieso gut, spielerisch mit anderen als den von ihnen üblicherweise verwendeten Lautstärken zu experimentieren. Auch für aggressive Kinder kann das übrigens günstig sein.

Aus dieser Übung können sich Aufgaben für das Kind ergeben, zum Beispiel: »Wenn der Sebastian wieder etwas zu dir sagt, dann antwortest du nicht wie eine Maus, sondern wie ein Löwe!«

▬ ▬ Differenzierung

Ängstlichkeit bedeutet meist auch geringe Selbstsicherheit, geringes Selbstwertgefühl. Die eigene Person wird als schwach, unfähig, langweilig und wenig wert angesehen. Andere Personen werden meist stark überschätzt und ohne Fehler wahrgenommen. Hier können schon einfache Übungen etwas bewegen. Wenn das Kind selbst schreiben kann, nimmt man ein Blatt und das Kind setzt die Überschrift »Was ich nicht kann« darüber. Kann das Kind nicht schreiben, erledigen das die Eltern, und das Kind sagt ihnen, was sie aufschreiben sollen. Am besten, sie schreiben dann nicht Wörter, sondern malen Symbole für die Dinge, um die es geht.

Und dann kommt ein zweites Blatt mit der Überschrift »Was ich alles kann«. Wenn das Kind keine Vorschläge machen kann, geben die Eltern Anregungen. Das Kind muss aber zustimmen, bevor aufgeschrieben wird. Die Eltern sollten darauf achten, dass dieses Blatt am Ende mindestens genauso vollgeschrieben ist wie das erste.

Dann wird verglichen. Die Eltern verweisen darauf: »Manches kannst du, manches kannst du nicht. Vieles von dem, was du nicht kannst, wirst du noch lernen, wirst du später können. Was du jetzt schon kannst, das kann dir keiner mehr nehmen. Alles kann niemand.«

Zum Beweis legen Eltern und Kind zwei neue Blätter an. Nun geht es um jemanden, der vom Kind als sehr stark, sehr kompetent eingeschätzt wird. Das Kind und die Eltern sollten diese Person aber zumindest ein bisschen kennen. Vielleicht kommt ein Elternteil infrage. Auch für diese Person wird nun aufgeführt, was sie kann und was sie nicht kann. Auf dem ersten Blatt steht diesmal »Was XY alles kann«. Auf dem zweiten steht »Was XY alles nicht kann«. Auch hier achten die Eltern darauf, dass beide Blätter etwa gleich viele Dinge enthalten. Das lässt sich mit anderen Personen wiederholen.

Diese Übung kann Kindern großen Spaß machen. Es kommt dabei natürlich nicht darauf an, andere Leute »herunterzumachen«, sondern dem Kind zu zeigen, dass niemand vollkommen ist, dass Vollkommenheit auch gar nichts ist, was verlangt wird. In diesem Geiste sollten die Elternkommentare zu den einzelnen Punkten ausfallen. Das Kind soll so lernen, sich und andere differenzierter wahrzunehmen. Die vorgestellte Übermacht der anderen kann so reduziert werden.

Die Eltern können dazu eventuell auch zwischen den Personen vergleichen: »Du kannst dies, XY kann dies aber nicht. XY kann dafür jenes, was du aber nicht kannst. Ein Drittes könnt ihr beide, ein Viertes beide nicht.« Solche Vergleiche sollten aber nicht gerade am Anfang stehen. Es ist meist auch gar nicht nötig, dass sie derart ausgeführt werden. Schon die Auflistung »kann/kann nicht« macht dem Kind schnell klar, worauf es ankommt.

Diese Übung kann später noch einmal wiederholt werden, aber mit Variationen: Nun geht es um Angst. »Wovor habe ich Angst?«, »Wovor habe ich keine Angst?«, »Wovor hat XY Angst?« oder »Wovor hat XY keine Angst?«, so lauten nun die Blattüberschriften.

Bisher sind wir davon ausgegangen, dass das Kind die Übung allein bzw. nur mit den Eltern macht. Besonders interessant ist es allerdings, sie mit einer ganzen Kindergruppe auszuführen, am besten aber erst nach einem Durchgang allein bzw. mit den Eltern.

Dazu füllt jedes Kind ein Blatt aus »Was kann ich nicht?« (bzw. »Wovor habe ich Angst?«), anschließend ein zweites Blatt »Was kann ich alles?« (bzw. »Wovor habe ich keine Angst?«). Vorher wird klar verabredet, dass auf jedem der beiden Blätter mindestens eine bestimmte Anzahl von Punkten oder genau eine bestimmte Anzahl von Punkten stehen muss (je nach Alter der Kinder mehr oder weniger; beispielsweise jeweils genau drei Punkte von Dingen, die das Kind kann bzw. nicht kann). Anschließend wird verglichen. Beim Vergleich sollten die Eltern darauf achten, dass von den Kindern das Wesentliche erfasst wird: »Jeder hat Stärken, jeder hat Schwächen. Beim einen liegen die Stärken hier, beim anderen anderswo.«

■ ■ Professionelle Hilfe

Als hilfreich kann sich bei Kinderängsten auch der Besuch einer psychologischen Beratungsstelle erweisen. Solche Beratungsstellen für Familien gibt es in kommunaler und kirchlicher Trägerschaft. Ob es am Ort eine entsprechende Beratungsstelle gibt, kann mittels Tageszeitung, Telefonbuch oder Internet festgestellt werden. Dann wird telefonisch ein Termin für zu- nächst *ein* Gespräch vereinbart. Während dieses Gesprächs wird gemeinsam geklärt, ob weitere Gespräche stattfinden sollen oder eventuell eine andere Maßnahme angezeigt ist. Die Kostenregelungen sind unterschiedlich, meist sind die Beratungen aber kostenlos.

Erziehungs- bzw. Familienberatung wird auch von manchen freien psychologischen Praxen angeboten. Die Kosten sind hier natürlich höher als bei Beratungsstellen, die direkt oder indirekt von der öffentlichen Hand finanziert werden. Freie Praxen sind oft auf bestimmte Bereiche oder Therapierichtungen spezialisiert. Hier sollte vorher erfragt werden, ob eine Spezialisierung auf Kinder bzw. Erziehungsfragen vorliegt.

▬ ▬　Zwanghaftes Verhalten

Natürlich tun Kinder auch von sich aus einiges, um Angst zu verringern bzw. gar nicht erst aufkommen zu lassen. Darauf lässt sich oft aufbauen. Aber nicht alles, was Kindern hier einfällt, ist günstig. Manchmal kann das Bewältigungsverhalten des Kindes selbst zum Problem werden. So ist es bei *zwanghaftem* Verhalten.

BEISPIEL　Carolin, zehn Jahre alt, besucht die vierte Grundschulklasse. Sie möchte demnächst gerne auf die Realschule wechseln und weiß, dass ihre Eltern das auch gerne sehen würden. Im ersten Halbjahr der vierten Klasse hatte Carolin allerdings einen deutlichen Einbruch ihrer Leistungen in Deutsch und Mathematik, und nun ist fraglich, ob sie vom Lehrer eine Realschulempfehlung erhält. Die Eltern haben daraufhin begonnen, verstärkt mit Carolin zu üben, und erwarten jetzt dementsprechend bessere Noten von ihr.

In letzter Zeit zeigt Carolin auf dem Weg zur Schule ein sonderbares Verhalten. Sie hüpft auf den Gehwegplatten immer so, dass sie nicht auf die Ritzen zwischen den Platten tritt. Daraufhin befragt, erklärt sie ihre Gedanken dazu: Wenn ich nicht auf die Ritzen trete, schreibe ich im heutigen Diktat eine zwei. Kurz vor der Schule kommt sie an einem Geländer mit vielen Längsstreben vorbei. Sie berührt nun jede dritte Strebe. Dabei denkt sie: Wenn ich jetzt keinen Fehler mache, dann habe ich auch im Diktat keine Fehler. ▪

Dieses zwanghafte Verhalten hilft Carolin, aufkommende Ängste hinsichtlich eines Leistungsversagens unter Kontrolle zu halten. Solch zwanghaftes Verhalten, von dem es viele Formen gibt, kann aber selbst zum Problem werden. »Ich darf auf keinen Fall auf eine Ritze treten, sonst geht die Arbeit schief.« Wenn die Gedankenwelt des Kindes eine solche Form angenommen hat, kann man sich vorstellen, wie sein Schulweg aussehen wird ...

Zwanghaftes Verhalten findet sich bei Kindern (und Erwachsenen) recht häufig, meistens allerdings in milder Form. Beobachtet man zwanghaftes Verhalten bei seinen Kindern, dann ist immer die Frage zu stellen, ob es im Dienste einer Angstbewältigung steht.

▄ ▄ Vorstellungen

Angst hat viel mit *Abstand* zu tun. Über gedankliche Veränderungen des Abstands lässt sich deshalb auch manchmal Einfluss auf die Stärke der Angst nehmen.

So lässt sich Angst vor bestimmten Situationen etwas abschwächen, wenn man sich vorstellt, wie man später darüber denken wird. Auch das geht nur bei bestimmten Ängsten. Beispielsweise bei Angst vor einer bestimmten Klassenarbeit, vor einem Zahnarztbesuch oder vor irgendetwas anderem, das sein muss, dann aber vorbei ist. Man stellt sich vor: »Wie werde ich darüber nächstes Jahr denken? Jetzt ist mir die Sache sehr wichtig, deshalb habe ich Angst. In einem Jahr ist das alles überhaupt nicht mehr wichtig.« Eine solche Vorstellung (die natürlich nur von älteren Kindern geleistet werden kann) nimmt dadurch einer Sache ihren ängstigenden Charakter, indem sie die Wichtigkeit relativiert.

Eine weitere Möglichkeit ist, die Sache unter einem ganz anderen Blickwinkel zu betrachten. Dazu stellt ein Kind sich beispielsweise vor, Forscher von einem anderen Planeten zu sein. Es geht darum, die Erde, ihre Bewohner und Einrichtungen genau zu erkunden. Und dazu muss man ganz genau hinschauen, mit einer Lupe sozusagen. Im Gegensatz zur anfangs aufgeführten Vorstellungsübung blendet man hier die Situation also nicht aus, sondern man seziert sie im Gegenteil. Man betrachtet etwa den Hund, vor dem man sonst Angst hat, ganz genau. Aber nicht als der Mensch, der Angst hat, sondern als der, der unbedingt alles über den Hund erfahren will. Man zählt, wie viele Beine er hat (denn als Außerirdischer weiß man das nicht), schaut genau, wie sein Fell aussieht, woran der Hund schnüffelt etc. Und dies alles geschieht so, als würde man ihn unter einer riesigen Lupe betrachten.

Daran denken

Einige Tipps für günstiges Verhalten können Kindern gesprächsweise vermittelt werden. Besser noch geht es oftmals im Rollenspiel (siehe das Kapitel dazu). Ältere Kinder können sich hilfreiche Sätze aufschreiben und über das Bett hängen. Jüngere malen etwas zu einem Satz und hängen das Bild dann auf.

Dieses Vorgehen unterstützt die Erinnerung und bringt eine eigene Tätigkeit hinein, belässt es nicht nur beim Zuhören. Und natürlich sollten relevante Sätze auch ausprobiert werden. Dabei aber nicht gerade ins kalte Wasser springen! Besser erst in einer Situation ausprobieren, die sowieso schon einigermaßen »in Ordnung« ist, dann langsam steigern, bis das Verhalten eingeübt ist und auch in Angstsituationen ohne Weiteres gezeigt werden kann.

Hier unsere Tipps für günstiges Verhalten:

- »Rede nicht um eine Sache herum. Sag immer klar und deutlich, was du meinst. Auch wenn du mal etwas sagen musst, wovon du denkst, dass es dem anderen nicht gefällt, sag es klar und deutlich und ohne viel Aufhebens. Das ist viel besser als Drumherumgerede.«
- »Beleidige andere nicht!«
- »Höre nicht nur zu, wenn andere Kinder da sind, sondern stelle auch Fragen, und vor allem: Erzähle auch selbst etwas!«
- »Sage es manchmal anderen, wenn dir etwas gut an ihnen gefällt oder wenn du findest, dass sie gerade etwas gut gemacht haben.«
- »Rede laut und deutlich, damit andere dich richtig verstehen können.«
- »Schau andere an, wenn du mit ihnen sprichst. Und mach auch wirklich etwas mit den anderen zusammen, nicht nur jeder für sich.«
- »Wenn andere da sind, zappel nicht herum und kau auch nicht an den Fingernägeln.«
- »Wenn andere etwas von dir wollen, du aber nicht einverstanden bist, sag ruhig und klar: ›Nein!‹ Aber mach möglichst ein Gegenangebot. Wenn sich jemand zum Beispiel am Nachmittag mit dir verabreden will, du aber eigentlich nicht kannst, dann sag: ›Ich kann nicht. Aber am nächsten Nachmittag kann ich. Wie wäre es dann?‹«
- »Wenn dich jemand kritisiert, höre zu. Das muss ja nicht stimmen, aber vielleicht kannst du etwas daraus lernen.«
- »Überlege nicht nur, *was* du sagst, sondern auch *wie* du es sagst! Denn etwas unfreundlich Gesagtes nehmen andere viel schlechter auf, als wenn es freundlich gesagt wird.«

☐ »Wenn du lachst, wird die Angst weniger. Also lach auch mal, wenn du Angst hast!«

▬ ▬ Andere Kinder

Bei gehemmtem Verhalten gegenüber anderen Kindern – gehemmtem Verhalten aufgrund von Angst – ist neben Beruhigung vor allem eigene Aktivität wichtig. Das lässt sich Kindern etwa mit folgenden Worten vermitteln:

» Wenn da eine Situation ist, mit anderen Kindern, bei der du dich gar nicht wohl fühlst oder sogar Angst hast, dann kannst du auch etwas tun. Du brauchst dich nicht nur unwohl zu fühlen oder Angst zu haben, du kannst auch sagen: ›Ich tue jetzt etwas!‹ Irgendetwas kann man fast immer tun. Man muss nur nachdenken, damit einem etwas einfällt.

Das Erste ist: Jetzt beruhige ich mich erst mal.«

Das geht gut mit der Atementspannung. Wie die Atementspannung geht, wird im folgenden Kapitel gezeigt.

» Das Zweite ist: Ich sage einfach irgendetwas. Irgendetwas Harmloses zu sagen ist meistens besser, als gar nichts zu sagen. Wenn du irgendwo dazukommst, dann sag erst mal: ›Tag‹ oder ›Wie geht es?‹, das wäre doch etwas Harmloses.

Das Dritte ist: Ich tue etwas. Was tun? Das kommt darauf an, worum es geht. Dir fällt sicher etwas ein. Aber überleg nicht so viel, ob du es tun sollst oder nicht. Tu es lieber. Und wenn es falsch war, dann sag eben: ›Tut mir leid, mach ich nicht wieder.‹«

Sich beruhigen – etwas sagen – etwas tun. Der Anfang kann ganz einfach sein, das andere Kind wird irgendwie darauf reagieren, und so kann ein Miteinander entstehen.

Zu dem, was Kinder selbst gegen manche Ängste tun können, gehört der Einsatz von *Entspannungsübungen*. Diese werden dem Kind am besten von einem Erwachsenen beigebracht, und zwar in einer Umgebung, in der sich das Kind geborgen fühlt. Und dann wird geübt, wie sich die Entspannung im Alltag einsetzen lässt.

Entspannung für Kinder baut meist auf dem autogenen Training auf, das für Erwachsene schon lange bekannt ist. Allerdings sind für Kinder einige Abwandlungen notwendig. Auf diese ausführlichere Entspannung, wie sie sowohl für Kinder mit unklaren Ängsten als auch für den Einsatz in speziellen Situationen hilfreich sein kann, wollen wir hier nicht eingehen. Darüber gibt es inzwischen eine große Anzahl eigener Bücher (siehe auch unser Buch *Entspannung für Kinder*). Hier wollen wir eine schnell und leicht erlernbare Methode vorstellen, die sich auf den *Atem* des Kindes bezieht.

Für das Erlernen günstig ist ein nicht zu heller Raum, der still sein und wenig Ablenkung bieten sollte. Für Kinder mit diffusen, schwer fassbaren Ängsten wird es am besten sein, sie üben zunächst im Liegen und lernen erst später, wie es im Sitzen geht. Kinder, die genau wissen, in oder vor welchen Situationen sie die Entspannung einsetzen wollen, können die Übung gleich im Sitzen erlernen.

Es ist günstig, wenn zumindest für das Erlernen bestimmte Entspannungshaltungen eingenommen werden:

1. Für die *Liegehaltung* gilt hier: Rückenlage, Hände neben dem Körper (mit den Handflächen nach unten), Beine ausgestreckt (ohne sie zu überkreuzen). Ein Zeichen für eine entspannte Liegehaltung ist, wenn die Fußspitzen nach außen gerichtet

sind. Für die beiden *Sitzhaltungen* gilt: Füße fest auf den Boden, nebeneinander (wenn der Stuhl das erlaubt), die Arme liegen mit den Handflächen nach unten auf den Oberschenkeln. Der Kopf ist gerade.

2. Bei der *angelehnten Sitzhaltung* lehnt der Rücken hinten an der Lehne oder (wenn keine Lehne vorhanden ist) fällt etwas in sich zusammen. Diese Sitzhaltung ist besonders gut, wenn es bei der Entspannung in erster Linie um Beruhigung geht.

3. Bei der *Königshaltung* lehnt sich das Kind nicht an, sondern sitzt vorn auf dem Stuhl, der Rücken ist aufrecht, das Becken kippt etwas nach vorn. Diese Sitzhaltung ist besonders gut, wenn es in erster Linie um Konzentration geht.

Bei allen Haltungen sind die Augen möglichst geschlossen. Wenn das Probleme bereitet, können sie auch offen bleiben. Sie ruhen dann auf einem Punkt vor (Sitzen) bzw. über (Liegen) dem übenden Kind, ohne diesen aber zu fixieren.

Absolut notwendig sind diese besonderen Entspannungshaltungen nicht, aber sie erleichtern die Entspannung. Deshalb ist es günstig, wenn sie zumindest für das Üben zu Hause eingeführt werden. Später sollte die Atementspannung aber in jeder beliebigen Körperhaltung durchführbar sein.

Die Atementspannung könnte einfacher gar nicht sein: Das Kind achtet dabei nur auf seinen Atem. Es verändert den Atem nicht, macht ihn also nicht etwa länger oder tiefer. Es richtet einfach seine Aufmerksamkeit nach innen und folgt dem Strom seines Atems. Es folgt dem Strom nicht etwa durch den Körper, sondern es bleibt an einer Stelle der Atemwege und beobachtet dort, wie der Atem ein- und ausströmt. Die beste Stelle ist die Nase, wo der Atem ein- und austritt (geatmet wird also durch die Nase).

Beim Üben wird man diese Atembeobachtung einige Zeit durchführen können, je nach Alter des Kindes mehrere Minuten lang. In der Anwendung im Alltag lässt sich das ganz auf die Situation ausrichten: Schon zwei oder drei Atemzüge lang reines Beobachten können von großem Nutzen sein. Damit können Situationen durchbrochen werden (zum Beispiel bei Streit: »Erst einmal die Luft anhalten!«, heißt es im Sprichwort) oder die Entspannung erlaubt eine anschließende konzentrierte Neuorientierung (etwa in der Schule bei Klassenarbeiten). Auch zur Beruhigung in Stress- oder Angstsituationen ist diese Atementspannung sehr gut.

Vor allem für Angstsituationen gilt: Am besten schon vorher immer wieder entspannen (wenn das geht). Entspannung ist besonders gut, wenn sie im Vorfeld eingesetzt wird, um Angst gar nicht erst (oder nur wenig) aufkommen zu lassen. Angst zu reduzieren, wenn sie schon da ist, das geht viel schwerer. Deshalb ist es immer von Vorteil, mit dem Kind durchzusprechen, wie es Angstsituationen rechtzeitig erkennen und dann möglichst früh etwas gegen die aufsteigende Angst unternehmen kann – und zwar mit der Atementspannung.

Es folgt hier nun eine Anleitung für das Kind, wie sie ein Erwachsener während des Übens zu Hause geben könnte. Wichtig ist, das Kind nicht von dieser Anleitung abhängig zu machen, sondern darauf zu achten, dass das Kind die Entspannung nach einer Weile ganz allein durchführen kann (das ist schon mit vier Jahren durchaus möglich). Dazu werden die Worte am besten immer ein wenig verändert.

BEISPIEL »Achte auf deinen Atem. Achte einfach auf deinen Atem, darauf, wie die Luft einströmt und wieder hinaus. Achte auf deinen Atem, ohne ihn verändern zu wollen, aber voller Aufmerksamkeit, ganz konzentriert, tief in dich selbst hinein.« ■

Dazu muss man dem Kind natürlich Zeit lassen. Für den Anfang kann es gut sein, wenn im Hintergrund etwas Instrumentalmusik läuft. Das Kind sollte aber auch davon nicht abhängig werden, denn in der Schule oder in einer Angstsituation kann es keine Musik zur Entspannung einschalten.

Eine Anleitung für jüngere Kinder könnte etwa folgendermaßen klingen:

BEISPIEL »Achte einmal tief in dich hinein, auf deinen Atem. Verändere ihn nicht, sondern achte nur darauf, wie dein Atem ein- und ausströmt, ganz von allein.« ■

Die Worte sollten so gewählt werden, dass das jeweilige Kind sie versteht und begreift, worauf es ankommt. Es muss die Sicherheit bekommen, dass es das auch durchführen kann.

Auch die Verbindung der Atementspannung mit einer *Fantasiereise* ist möglich, sie kann das Lernen erleichtern. Dazu stellt sich das Kind zunächst mit geschlossenen Augen Meereswogen vor, die an einem Strand auslaufen. Danach kommt der Atem dazu: Das Kind achtet auf den eigenen Atem und stellt sich mit jedem Atemzug eine Meereswelle vor, die den Strand hinaufläuft. In einem dritten Schritt kann sich das Kind vorstellen, wie mit jedem Atemzug, mit jeder Meereswelle, Ruhe und Kraft in es hineinströmen.

Regelmäßiges Üben zu Hause (zum Beispiel in der konzentrativen Sitzhaltung vor den Hausaufgaben) ist wichtig. So wird die Atementspannung etwas ganz Selbstverständliches. Und das ist eine Voraussetzung dafür, dass sie auch mit Gewinn im Alltag, in Angst- oder Stresssituationen, vom Kind selbstständig eingesetzt werden kann.

Vor allem bei einem negativen Selbstbild des Kindes oder bei ungünstigen inneren Selbstaussagen können Mutmach-Sprüche dem Kind eine große Hilfe sein. Merksprüche entsprechen der Vorsatzbildung im autogenen Training für Erwachsene. Sie dienen dazu, ein bestimmtes individuelles Problem zu lindern bzw. zu beseitigen. Hat ein Kind beispielsweise Angst vor dem Zahnarztbesuch, so kann es – entweder in Kombination mit einer Entspannungsübung oder allein – den Spruch »Mit Mut geht's gut!« oder etwas Ähnliches zu sich selbst sagen.

Ältere Kinder schaffen es oft, sich selbst Sprüche für ihr Problem auszudenken. Bei jüngeren Kindern ist es günstiger, Sprüche vorzugeben, aus denen sich das Kind dann einen passenden für sich heraussuchen kann. Im Folgenden dazu eine Auswahl verschiedener Mutmach-Sprüche:

- »Mit Mut geht's gut!«
- »Nur ruhig Blut, dann geht's gut!«
- »Ich weiß, ich kann – ich bleibe dran!«
- »Ohne Anfang gibt's kein Ende, also spuck in deine Hände!«
- »Nicht verzagen, auch was sagen!«
- »Nicht verzagen, auch was wagen!«
- »Genau geschaut und dann getraut!«
- »Tief innen ist alle Kraft drinnen!«

Solche Mutmach-Sprüche verändern die Stimmung des Kindes in eine positive Richtung. Sie können in einer unangenehmen Situation von Schwierigkeiten ablenken, auf die sich gerade ängstliche oder sozial unsichere Kinder sonst leicht fixieren. Und sie bieten oft ganz konkrete Bewältigungsmöglichkeiten, an die das Kind sonst unter dem Eindruck des Augenblicks nicht denkt.

Die Sprüche werden besonders gut behalten, wenn das Kind sie über eine Geschichte lernt. Das Kind hört dann nämlich nicht nur den isolierten Spruch, sondern lernt gleichzeitig, in welchen Situationen man diesen Spruch auch einsetzen kann. In den Geschichten dieses Buchs sind bereits einige enthalten. Weitere können beim Vorlesen von den Eltern ohne Weiteres eingefügt werden.

Auch in andere, ganz normale Kindergeschichten lassen sich Mutmach-Sprüche einbauen. Bevor der Held etwas wagt, sagt er sich schnell noch einen Mutmach-Spruch vor. Wenn es in einer Geschichte etwa heißt: »Am Burgtor blieben sie stehen. Sie pochten dagegen und riefen den Namen des Zauberers«, dann könnte, ohne aus dem Fluss der Geschichte herauszufallen, ergänzt werden: »Am Burgtor blieben sie stehen. ›Mit Mut geht's gut!‹, sagte sich der kleine Alexander. Dann pochten sie gegen das Tor und riefen den Namen des Zauberers.«

In unseren Entspannungskursen übernahmen viele Kinder von allein die Sprüche in Alltagssituationen, sagten sie sich beispielsweise im Zahnarztstuhl oder vor einer Klassenarbeit vor. Andere müssen darauf hingewiesen werden, dass das doch etwas zum Ausprobieren wäre. Und gelegentlich ist es auch gut, mit den Kindern ganz genau zu überlegen, wie in einer bestimmten Situation ein Mutmach-Spruch helfen kann.

▬ ▬ Bewältigungsgeschichten

Lernen am Vorbild (siehe das Kapitel dazu) findet zum einen in der Auseinandersetzung mit real vorhandenen Vorbildern statt, zum anderen bieten Geschichten vorbildliches Verhalten. Das Kind lernt vieles von der Welt – ihren Grundprinzipien, wie man sich darin verhält und was alles passieren kann – über Geschich- ten. Geschichten, die es entweder selbst liest oder die vorgelesen werden, beispielsweise als Gutenachtgeschichten abends im Bett. Solche Geschichten helfen – und sie machen Vergnügen. Die Motivation des Kindes, sich durch solche Geschichten helfen zu lassen, auf diesem Wege etwas über Angst und Bewältigungsmöglichkeiten zu erfahren, ist deshalb besonders groß.

Wir haben im Folgenden zwei Serien von Mutmach-Geschichten zusammengestellt, die sich hierfür eignen. In der zweiten Serie, die für jüngere Kinder gedacht ist, sind auch regelmäßig Entspannungsformeln enthalten. Die Serien können unabhängig voneinander gelesen werden. Die Geschichten innerhalb der ersten Serie bauen aufeinander auf, hier sollte die Reihenfolge also eingehalten werden. Bei der zweiten Serie, den Geschichten vom Kätzchen und dem kleinen Bären, ist die Reihenfolge beliebig.

■■ ■■ Ritter Kuno und das Burggespenst

Der kleine Ritter Kuno lebte vor langer Zeit in einer Burg. Die Burg stand auf einem Berg, geschützt hinter mächtigen Mauern und einem Wassergraben. Erreichen konnte man sie nur über eine Zugbrücke. Unter der Burg lagen tiefe Keller und ein Labyrinth von Gängen und Kammern. Über zwanzig sollten es sein. Der kleine Ritter Kuno hatte sie eines Tages zählen wollen, kam aber bloß bis 18. Denn weiter als bis 18 konnte er noch nicht zählen, das musste ihm sein Vater, Ritter Hugo, erst beibringen. Damals gab es noch keine Schule, und so durfte Kuno von seinem Vater alles lernen, was es so zu lernen gab.

Ritter Kuno war zwar noch ein ziemlich kleiner Junge, doch er sah schon genau wie ein richtiger Ritter aus, mit einer silbernen Rüstung und einem Helm mit Visier zum Durchschauen. Aber sonst war Kuno ein ganz normaler Junge, immer lustig und zu allerlei Späßen und Streichen aufgelegt.

Nur nachts bekam Kuno das Zähneklappern. Sobald die Geisterstunde näherrückte, das heißt abends, wenn Kinder und kleine Ritter ins Bett gehen, fing Klein-Kuno zu zittern an. Er zitterte so schrecklich, dass alles an ihm wackelte und seine Zähne aufeinanderschlugen. Auch das Bett wackelte so fürchterlich, dass sein Vater und alle Dienstboten regelmäßig davon aufschreckten und zu ihm ins Zimmer eilten.

»Was ist nur los mit dir?«, brummte sein Vater. »Jede Nacht zitterst und klapperst du. Wovor hast du denn solche Angst?«

»Das Gespenst«, stammelte Kuno, »das Burggespenst! Ich fürchte mich so vor unserem Burggespenst!«

»Aber Kuno«, meinte Ritter Hugo, »ein richtiger Ritter fürchtet sich nicht vor einem Gespenst, und schon gar nicht vor seinem eigenen Burggespenst! Außerdem sind Burggespenster normalerweise völlig harmlos. Um Mitternacht wachen sie auf, heulen dann ein bisschen herum, geistern in der Burg umher und legen sich wieder zur Ruhe. Warum also solltest du dich fürchten?«

»Ich weiß auch nicht, Vater«, meinte Ritter Kuno und zitterte immer noch. »Ich habe einfach Angst, dass es nachts in mein Zimmer kommt und um mich herumgeistert und heult.«

»Vielleicht solltest du einmal mit dem Burggespenst reden, dann wirst du merken, dass es eigentlich ganz harmlos ist«, schlug Vater Hugo vor.

»Mit dem Gespenst reden?«, staunte Kuno, »kann man das überhaupt?«

»Warum nicht«, meinte der Vater, »du kannst es zumindest einmal versuchen. Nur Mut, mein Junge!«

»Dann muss ich ja bis Mitternacht aufbleiben«, fiel Kuno ein.

»Das will ich dir heute ausnahmsweise erlauben«, sagte der Vater gähnend und klopfte Kuno freundlich auf die Schulter. »Also, gute Nacht, mein Sohn, und viel Glück!«

Damit deckte der Vater Kuno noch einmal zu und verließ das Zimmer zusammen mit allen Dienstboten.

Kuno war jetzt schon etwas wohler. Er zitterte nicht mehr, denn er wusste ja nun, was zu tun war. Aufrecht setzte er sich im Bett zurecht und wartete. Jawohl, er würde wach bleiben bis Mitternacht, das war doch Ehrensache. »Ich bin ein mutiger kleiner Ritter«, sprach er in sich hinein, um sich Mut zu machen, und gähnte erst einmal tüchtig. »Aber aufgepasst – wenn ich nun vor der Geisterstunde einschlafe, dann verpasse ich das Gespenst womöglich! Das darf auf keinen Fall passieren!

Vorsichtshalber könnte ich dem Gespenst ja einen Brief schreiben, ja, das ist eine gute Idee«, dachte Kuno, stieg aus dem Bett und holte Papier, Feder und ein Tintenfass. Vorsichtig, um keine Tinte zu verkleckern, tauchte er die Feder ins Fässchen und schrieb in seiner schönsten Schrift auf das Papier:

Libes Burghgesbensd,

jeden abent kan ich nicht einschlaven und ziddere, weil ich mich for dier fürchde. Mein Fader sagd aber, dass es zu einem gleinen Ridder beser past, wenn er mutik ist. Und damid had er ja siecher rechd. DeshAlb schreibe ich dier disen Briif und bide dich, nachts nicht in meinem Zimer zu geistern und zu häulen. In den achdzeen Kamern under der Burgh (fieleicht sint es auch meer) darst du gerne herumgeisdern sofiel du wilst. Nur bide nichd in meinem Zimer, sonst hape ich Angsd.

Es grißt dich hertslich,
Dein kleiner Ridder Kuno.

Kuno legte den Brief gut sichtbar auf die große Truhe und kroch beruhigt wieder in sein warmes Bett zurück. Schon nach wenigen Augenblicken war er tief und fest eingeschlafen.

Kuno wurde erst wach, als ihn ein Sonnenstrahl an der Nase kitzelte. Er öffnete die Augen – und da fiel es ihm plötzlich wieder ein: »Ich wollte doch wach bleiben und auf das Gespenst warten! O je, jetzt habe ich die Geisterstunde verschlafen. – Der Brief!«

Schnell schlug er die Decke zurück und rannte zur Truhe. Ob das Gespenst wohl seinen Brief gesehen hatte? Ja, wirklich, da stand etwas unter seinem Brief. Die Schrift war ziemlich krakelig, sodass Kuno sie kaum entziffern konnte. So krakelig konnte nur ein Gespenst schreiben. Langsam entzifferte er Buchstabe für Buchstabe: »I N   O R D N U N G!«

»In Ordnung«, stand da. Dann hatte das Gespenst also tatsächlich seinen Brief gefunden – und war damit einverstanden, nicht mehr in seinem Zimmer zu geistern. »Juchhuu!«, rief Kuno, schlüpfte in Wams und Hose und rannte zu seinem Vater, der schon mit seinen Mannen beim Frühstück saß.

»Na siehst du«, schmunzelte Ritter Hugo, nachdem er den Brief gelesen hatte, »mit etwas Mut kannst du dir selbst helfen.«

»Ja«, staunte Kuno. »Ich hätte nicht gedacht, dass das so einfach ist, aber jetzt habe ich erst mal einen Bärenhunger!« Und er setzte sich zu den Mannen an den großen Tisch.

▬ ▬ Ritter Kuno und der schlimme Gonzo

Der kleine Ritter Kuno hatte viele Freunde. Die wohnten in der Burg und in den Dörfern seiner Heimat. Einige von ihnen waren auch kleine Ritter, zum Beispiel Egon und Fritz. Es waren aber auch Müllerburschen und Kinder von Bauern und Knechten dabei. Im Sommer spielten sie jeden Tag miteinander. Sie trafen sich im kleinen Wäldchen am Berg und übten Steine zu schleudern. Oder sie kamen am Burggraben oder am Waldbach zusammen, wo sie versuchten, mit bloßen Händen Fische zu fangen.

Der kleine Ritter Kuno wollte sich heute mit Fritz und Egon im Wäldchen treffen. Sie hatten sich vorgenommen, eine Baumburg zu bauen. Da würde er ziemlich lange wegbleiben, deshalb nahm er sich vorsorglich etwas zu essen mit: einen Kanten frisches Brot, dazu ein Stück Pökelfleisch und etwas Wasser in seinem ledernen Trinkbeutel.

»Hoffentlich laufe ich nicht wieder dem blöden Gonzo über den Weg«, dachte Kuno. Gonzo war auch ein kleiner Ritter wie Kuno und die anderen. Aber er war wirklich sehr stark und auch schon ein Stück größer als die anderen, obwohl er genauso alt war wie sie. Gonzo konnte Kuno nicht leiden. Bei jeder Gelegenheit ärgerte er ihn. Neulich hatte er ihm im Wald ein Bein gestellt. Kuno war böse gestürzt. Ab und zu nahm er ihm auch seinen Brotbeutel weg und aß sein Essen auf. Gonzo war wirklich ein gemeiner Kerl.

Egon und Fritz waren schon da, als der kleine Ritter Kuno im Wäldchen ankam. »Komm, hilf uns«, rief Fritz Kuno zu, »wir suchen gerade dicke Äste für die Baumburg zusammen.«

»In Ordnung«, sagte Kuno und suchte ein gutes Versteck für seinen Brotbeutel. »Ich hoffe nur, dass dieser blöde Gonzo uns heute nicht findet. Man weiß ja nie, was er sich wieder ausdenkt.«

»Ja«, meinte Egon, »das ist wirklich ein gemeiner Kerl. Was er nur gegen dich hat? Du hast ihm doch nie etwas getan.«

»Habt ihr nicht eine Idee, wie ich mit Gonzo fertig werden könnte?«, fragte Kuno seine Freunde.

»Versuch doch einmal, mit ihm zu reden, vielleicht hilft das. Du kannst ihn ja fragen, ob er dein Freund sein will.«

»Oder«, meinte Fritz, »biete ihm die Hälfte von deinem Essen an, vielleicht freut er sich dann und hört auf, dich zu ärgern.«

»Na ja, ich kann es ja mal damit versuchen, danke für den Rat, Freunde. Jetzt bauen wir aber erst mal weiter.«

Die Drei sammelten dicke Äste und brachten sie auf einen starken Baum. Dort versuchten sie, die Äste mit Gräsern und Efeuranken festzubinden, was ganz schön schwierig war.

»Ich hab jetzt einen Bärenhunger«, meinte Kuno. »Kommt, Freunde, wir wollen was essen.«

Alle drei stiegen den Baum hinunter, Kuno mit seinem Brotbeutel vorneweg. Kaum hatte er festen Boden unter den Füßen, sah er Gonzo in voller Rüstung vor sich stehen.

»H ... ha ... hallo G ... Gonzo«, stammelte Kuno, der sich vor Angst fast in die Hosen machte. »Jetzt muss ich mit ihm reden«, dachte er, »jetzt oder nie!«

»Du, Gonzo, ich dachte, w ... wir könnten vielleicht ... äh ... ich meine, äh ... wir könnten vielleicht Freunde werden ... oder so ... äh ... schau mal, ich habe etwas zu essen dabei, gutes Pökelfleisch ... äh ... ich dachte, du hättest vielleicht gerne ein Stückchen davon.« Erwartungsvoll schaute Kuno zu Gonzo hoch. Der war nämlich zwei Köpfe größer als Kuno.

»So, Freunde werden, meinst du, hä, hä, hä, dein Fleisch kriege ich sowieso, du Hasenfuß, hä, hä, hä.« Dann gab er Kuno einen Schubs, dass der direkt in den Weißdornbüschen landete. Er riss ihm seinen Brotbeutel weg, holte Brot und Fleisch heraus und marschierte zurück in den Wald.

»So ein gemeiner Kerl«, ärgerte sich Egon, der sich jetzt endlich vom Baum heruntertraute.

»Tut mir wirklich leid«, sagte Fritz, der jetzt auch heruntersteig, »wir haben dir wohl keinen guten Rat gegeben. Aber sei nicht traurig, wir geben dir von unserem Essen etwas ab.«

»Danke, Freunde, das ist wirklich nett von euch. Und seid nicht traurig, ihr könnt nichts dafür. – Wenn ich nur wüsste, was ich gegen Gonzo unternehmen kann!«

Am Nachmittag bauten die Freunde an ihrer Baumburg weiter. Erst bei Einbruch der Dunkelheit machten sie sich auf den Heimweg. Zu Hause angekommen, erzählte Kuno Ritter Hugo von seinem Erlebnis mit Gonzo.

»Was soll ich nur machen?«, fragte er seinen Vater. »Der lässt einfach nicht mit sich reden.«

»Tja«, meinte Ritter Hugo, »ich bin mir sicher, dass dir noch etwas Gutes für Gonzo einfallen wird.« Dann ging Ritter Hugo schlafen. Traurig ging auch Kuno ins Bett. Selbst sein Vater konnte ihm nicht helfen. Das war wirklich ein schlimmes Problem.

Am nächsten Morgen fragte Ritter Hugo: »Kuno, nimmst du heute etwas zu essen mit?«

»Ja, Vater«, entgegnete Kuno. »Wir wollen heute unsere Baumburg fertig machen, und da wird es sicher spät.«

»Kuno, vergiss auch nicht, dein Fleisch zu würzen!« Damit verschwand Hugo aus dem Rittersaal.

»Was meint der Vater damit? Pökelfleisch muss man doch nicht würzen!« Kuno dachte nach. »Natürlich, das ist es!« Freudestrahlend rannte Kuno in die Küche und bereitete das tollste Pökelfleisch zu, das jemals jemand gegessen hatte. Das sollte Gonzo schmecken!

Die anderen warteten schon. Unterwegs meinte Egon: »Vielleicht sollten wir heute nicht zur Baumburg gehen. Da kommt uns sicher wieder Gonzo in die Quere.«

»Nicht nötig«, meinte Kuno lächelnd. »Heute wird er mir das letzte Mal mein Essen wegnehmen.«

Pünktlich zur Mittagszeit erschien Gonzo. Er baute sich vor Kuno auf und rief: »Her mit dem Essen, Hasenfuß!«

»Ja, gerne, lieber Gonzo«, sagte Kuno und holte seinen Brotbeutel. »Und lass es dir gut schmecken.«

»So ist es gut, Hasenfuß, hä, hä, hä«, lachte Gonzo hä-
misch und machte sich über das Pökelfleisch her. Aber schon
nach dem ersten Bissen wurde es still. Gonzos Augen wurden
größer und röteten sich. Dann schossen Tränen aus ihnen und
Gonzo begann, jämmerlich zu schreien. Er hustete, spuckte,
japste, röchelte und stöhnte. Dann rannte er Hals über Kopf
in den Wald hinein. Unterwegs verlor er die Hälfte von seiner
Rüstung.

Die drei Freunde lachten, bis ihnen die Tränen kamen.

»Was ist denn mit dem los?«, fragte Egon.

»Ich habe mein Fleisch heute besonders gut gewürzt, eine
Spezialwürzung für Gonzo, mit einem halben Beutel Pfeffer,
gemahlenen Senfkörnern, Paprikatunke, natürlich von der al-
lerschärfsten Sorte, dazu fünf Löffel Salz, eine tote Fliege und
was ich sonst noch in der Küche finden konnte.«

»Ich denke«, meinte Fritz, »Gonzo hat jetzt genug von deinem Essen.«

Da mussten alle noch einmal lachen. Dann machten sie sich
wieder an ihre Baumburg. Und bauten sie fertig.

Beim Abendessen fragte Ritter Hugo: »Na, Söhnchen, war
dein Essen heute richtig gewürzt?«

»Genau richtig«, lachte der kleine Ritter Kuno.

Ritter Kuno veranstaltet ein Turnier

Der kleine Ritter Kuno saß mit seinen Freunden Fritz und Egon
wieder einmal in der selbstgebauten Baumburg im Burgwald.
»Freunde«, erzählte Egon, »stellt euch vor, ich durfte letzte
Woche mit meinem Vater zu einem richtigen Ritter-Turnier
reiten!«

»Mensch, toll, Egon!«, rief Kuno. »Ich durfte bisher noch nie mit. Mein Vater meint immer, ich wäre noch zu jung dazu. Das sei nur etwas für Erwachsene. Aber erzähl doch mal, was es da alles gab!«

»Also gut«, meinte Egon. »Zuerst mussten die Ritter einen Weg entlangreiten und mit der Lanze kleine Ringchen aufspießen. Die waren an Stangen befestigt, die entlang der Bahn im Boden steckten. Gewonnen hatte der Ritter, bei dem zuletzt die meisten Ringchen auf der Lanze waren.«

»Und das war alles?«, mischte sich Fritz ein.

»Nein, natürlich nicht«, lachte Egon. »Das war der erste Wettkampf. Danach mussten immer zwei Ritter mit der großen Lanze aufeinander zureiten und versuchen, sich gegenseitig vom Pferd zu stoßen. Gewonnen hatte der, der als Letzter übrig blieb.«

Fritz und Kuno waren beeindruckt. »Und dann?«, drängte Fritz.

»Und dann kam das Größte!«, meinte Egon. »Dann mussten nämlich immer zwei Ritter zu Pferd gegeneinander mit dem Schwert kämpfen. Das war wirklich spannend.«

»Hat dein Vater auch mitgekämpft?«, wollte Kuno wissen.

»Anfangs schon. Das Ringchen-Stechen hat er sogar gewonnen! Leider wurde er dann beim Lanzenstoßen so schwer verletzt, dass er beim Schwertkampf nicht mehr mitmachen konnte. Das war wirklich schade!«

»Ach«, seufzte Fritz, »ich würde so gerne auch mal bei einem Turnier dabei sein, das stell ich mir ganz toll vor!«

Kurze Zeit war es ganz ruhig in der Baumburg. Die drei kleinen Ritter stellten sich in Gedanken vor, wie schön es auf einem Turnier wäre.

»Ich hab's!«, rief plötzlich Ritter Kuno begeistert und sprang auf, dass die Baumburg nur so wackelte. »Freunde, wir veranstalten einfach selbst ein Turnier, ein Turnier für Kinder! Was haltet ihr davon?«

»Na ja«, meinte Egon und hielt sich vorsichtig fest, »die Idee ist gut, aber wir sind hier in der Gegend doch nur drei kleine Ritter. Für ein Turnier sollten wir mehr sein, sonst macht es keinen Spaß.«

»Wir könnten ja noch andere Kinder aus dem Dorf dazu einladen, vielleicht den Müllersohn und den Sohn des Hufschmieds oder den des Kuhhirten«, schlug Fritz vor.

»Oh, Freunde, das wird eine ganz prächtige Sache. Gleich morgen fangen wir mit den Vorbereitungen an, dann halten wir sonntags Turnier!«, freute sich Kuno.

Gesagt, getan! Am nächsten Tag hatten die drei alle Hände voll zu tun. Egon musste ins Dorf reiten, um alle Kinder zum Turnier einzuladen, Fritz und Kuno suchten in der Zwischenzeit einen guten Turnierplatz aus. Die Wiese bei Ritter Hugos Burg schien den beiden am geeignetsten. Kunos Vater hatte auch gar nichts dagegen einzuwenden. Im Gegenteil: Er fand die Idee so gut, dass er den dreien sogar ein wenig bei den Vorbereitungen half. Er spannte ein großes Seil über die Wiese, an das die Ringe für den ersten Wettkampf aufgehängt werden sollten.

Am Abend waren die drei kleinen Ritter schließlich mit den Vorbereitungen fast fertig. »Jetzt fehlen nur noch die Schwerter und die Lanzen«, meinte Kuno. »Kommt, wir gehen noch in die Waffenkammer und holen uns, was wir brauchen!« So stiegen die drei die Steintreppe zur Waffenkammer der Burg hinunter.

Was es da alles gab! Schwerter und Lanzen in allen Größen, Rüstungen aller Art, Schilder und Morgensterne und allerhand Sattelzeug und Schmuck für die Pferde.

Egon lief gleich auf die Schwerter zu und suchte sich eines heraus. »Das werde ich tragen!«, rief er und fuchtelte wild in der Luft herum. Auch Fritz griff nach einem Schwert und fing an, mit Egon zu kämpfen. Kuno beobachtete die beiden und machte sich Sorgen. Wenn sich nun ein Kind mit Schwert oder Lanze verletzte? Die Kinder aus dem Dorf konnten schließlich noch nicht so gut mit Schwertern umgehen wie die kleinen Ritter, die damit schon manchmal üben durften.

»Ich glaube, das mit den Schwertern und Lanzen ist zu gefährlich«, meinte er schließlich zu seinen Freunden. »Wie bitte?«, rief da Egon. »Womit sollen wir denn sonst kämpfen? Ein kleiner Ritter wie du sollte schon etwas mehr Mut haben!«

»Ja«, meinte auch Fritz, »wenn du vor Angst fast in die Hose machst, bist du kein richtiger Ritter!«

Zornig warfen die beiden ihre Schwerter auf den Boden und gingen nach Hause.

Kuno war sehr traurig, nun stand er als Angsthase da! Aber auch Egons Vater war ein mutiger Ritter, und trotzdem war er beim Lanzenkampf böse verletzt worden. Nein, es half alles nichts, sie konnten nicht mit richtigen Waffen kämpfen, das war einfach zu gefährlich, und es sollte doch ein fröhliches Fest werden. Trotzdem mussten sie irgendwelche Waffen haben!

Da hatte Kuno eine Idee. Die Lanzen waren ja deshalb so gefährlich, weil sie so spitz waren! Kuno probierte – und tatsächlich: Die meisten Spitzen ließen sich abnehmen. Kuno lief noch schnell in die Stoffkammer seiner Mutter und holte dicke Felle, die er vorn an die kleinsten Lanzen band, sodass sie gut gepolstert waren. Das war geschafft! Jetzt noch die Schwerter. Kuno fiel ein, dass ihm sein Vater neulich einige Holzschwerter gebastelt hatte. Ja, die waren genau richtig! Man konnte gut damit kämpfen, sich aber nicht sehr verletzen. Müde ging Kuno ins Bett und dachte mit Bangen an den nächsten Tag.

Am Sonntagmorgen herrschte herrliches Turnierwetter. Die Kinder aus dem Dorf marschierten fröhlich zur Burg herauf. Auch viele Erwachsene kamen, um beim Kinderturnier zuzuschauen. Die Dorfkinder hatten sich aus Holz und Fellen Ritterrüstungen gebastelt und die kleinen Ritter von der Burg ihre schönsten Rüstungen angelegt. Egon und Fritz waren noch ein wenig sauer wegen der Waffen. Als sie sahen, dass sie nun doch mit echten – wenn auch umwickelten – Lanzen kämpfen durften, waren sie aber wieder zufrieden und stürzten sich in das muntere Treiben.

Beim ersten Wettbewerb, dem Ringchen-Aufspießen, stellte sich Ritter Kuno besonders geschickt an und hatte am Schluss die meisten Ringe vor sich liegen. Danach kam das Lanzenreiten. Dafür hatte Ritter Kuno zwei Ponys aus dem Burgstall geholt, die so klein gewachsen waren, dass man sich beim Sturz nicht schlimm verletzen konnte.

Beim Lanzenreiten gewann im letzten Durchlauf der Sohn des Schmieds gegen Ritter Kuno. Natürlich war der Schmied-Michel sehr stolz darauf, einen richtigen kleinen Ritter besiegt zu haben. Ritter Kuno passte das zuerst gar nicht, er ärgerte sich sogar sehr. Denn er wollte seinem Vater doch zeigen, was für ein guter Ritter er schon war. Aber dann überlegte er, wie geschickt der Schmied-Michel doch gekämpft hatte. Nicht nur Kuno hatte er besiegt, sondern auch viele andere vor ihm schon! Und da freute sich Kuno schließlich doch für ihn.

Beim letzten Wettbewerb, dem Kampf mit dem Holzschwert, gab es ein solches Durcheinander, dass am Schluss keiner wusste, wer eigentlich gewonnen hatte. Aber das war den Kindern auch ganz egal, denn zum Abschluss des Turniers brachte Kunos Vater jede Menge Kuchen und andere Leckereien, auf die sich alle begeistert stürzten.

Abends setzte sich Ritter Hugo noch ans Bett seines Sohnes. »Nächste Woche ist ein Turnier im Norden des Landes, möchtest du mich als Knappe dorthin begleiten?«, fragte er mit ernster Miene.

»Obwohl ich im Lanzenstoßen gegen den Schmied-Michel verloren habe?«, fragte Kuno erstaunt.

Ritter Hugo entgegnete: »Ein guter Ritter braucht nicht nur Kraft und Mut. Er muss vor allem klug sein und darf sich nicht unnötig in Gefahr begeben. Du hast heute gezeigt, dass du ein kluger und umsichtiger Ritter bist. Denn du hast beim Turnier keine Waffen aus der Waffenkammer geholt, mit denen ihr euch hättet schlimm verletzen können. Ich wäre sehr stolz, wenn mich ein so kluger kleiner Ritter auf das Turnier begleiten würde. Hast du Lust?«

Das brauchte er Kuno nicht zweimal zu fragen. Glücklich fiel er seinem Vater um den Hals und konnte in dieser Nacht vor Glück und Aufregung kaum ein Auge zutun.

▬ ▬ Die Burg wird belagert

Der kleine Ritter Kuno lebte auf der Burg seines Vaters meist sehr vergnügt und fröhlich. Mit seinen Freunden spielte er im Wald oder auf den Wiesen beim Dorf. Manchmal durfte er auch mit seinem Vater Hugo auf Streifzügen durchs Land reiten.

Leider waren die Zeiten nicht friedlich. So waren auch Burgen immer wieder bedroht. Auch Ritter Hugo war irgendwie in einen Streit zwischen zwei Grafen hineingeraten. Das ging erst leicht hin und her, mit kleinen Überfällen auf das Land des anderen. Kuno fand das sehr spannend. Immer stand er am Tor, wenn die Ritter über die Hängebrücke hinauspreschten oder wenn sie zurückkamen von einem Streifzug. Wie gerne wäre er mitgeritten!

Aber eines Tages kam der Krieg zu ihm. Die Burg wurde von einem Heer des feindlichen Grafen belagert. Erst war das ganz aufregend. Aber die Wochen zogen sich hin. Keiner konnte mehr aus der Burg hinaus.

Kuno sehnte sich so nach dem Wald und der Heide – und natürlich nach seinen Freunden. Denn nach dem Kinderturnier hatte er sich mit dem Schmied-Michel dick angefreundet. Doch es half nichts, er musste in der Burg bleiben.

Dann wurde das Essen immer weniger. Die Burgvorräte schwanden dahin und Ritter Hugo machte sich große Sorgen.

»Wir müssen etwas unternehmen, sonst verhungern wir noch«, sagte er eines Abends. »Wenn wir wenigstens Getreide hätten, dann könnten wir wieder Brot backen.«

Ritter Hugo und seine Gefolgsleute überlegten lange, wie sie Getreide in die Burg bringen könnten.

»Ich habe eine Idee«, fing Ritter Hugo an. »Wenn sich die Belagerer zum Jagen und Essen in den Wald zurückziehen, fahren wir mit einem kleinen Gespann zum Notversteck am Bärenstein und holen ein paar Säcke in die Burg.«

Alle wiegten bedenklich die Köpfe. »Der Weg ist weit«, wandte ein Gefolgsmann ein. »Aber wenn wir sie gut ablenken, kommen wir vielleicht unbemerkt hin und wieder zurück.«

»Ja«, meinte Ritter Hugo, »die Sache ist natürlich sehr gefährlich. Es müssen auch alle Schwertmänner mitfahren, damit wir die Getreidesäcke schnell einladen können.«

»Alle können nicht mit«, meinte ein anderer Gefolgsmann, »denn wir brauchen einen Mann, der uns warnt, falls die Belagerer etwas merken und angreifen.«

»Ja, da hast du recht«, sagte Ritter Hugo, »und da hätte ich auch schon jemanden.«

Die Gefolgsleute warteten gespannt, welchen von ihnen Ritter Hugo für diese wichtige Aufgabe auswählen würde. »Dazu müssen wir jemanden nehmen, der uns nicht beim Schleppen der Getreidesäcke nützlich sein kann, aber klug und mutig ist. Ich schlage den kleinen Ritter Kuno vor, meinen Sohn!«

Den Gefolgsleuten blieb vor Staunen der Mund offen stehen, und Ritter Kuno, der die ganze Unterhaltung mitangehört hatte, wurde es abwechselnd heiß und kalt.

Ritter Hugo winkte seinen Sohn zu sich her und fragte: »Kuno, glaubst du, dass du einer solchen Aufgabe gewachsen bist? Bedenke es gut! Niemand nimmt es dir übel, wenn du ablehnst.«

»Ja, Vater«, meinte Kuno ernst. »Ich will mein Bestes tun und dich nicht enttäuschen. Euch alle nicht«, ergänzte er dann und verbeugte sich vor den versammelten Mannen.

So wurde also für den nächsten Tag ein Plan ausgeheckt. Kuno sollte sich im Schilf am Burggraben verstecken und genau beobachten, wann sich die Belagerer zum Jagen und Essen in den Wald zurückziehen. Das war schon eine sehr gefährliche Aufgabe. Kuno spürte bei der Besprechung ein merkwürdiges Kribbeln im Bauch. Doch er war auch sehr stolz.

Am nächsten Morgen lief alles nach Plan. Kuno bezog Stellung am Burggraben und pfiff leise, als sich die Belagerer in den

Wald zurückzogen. Das war das Kommando für das Gespann. Die Hängebrücke wurde leise herabgelassen, und das Gespann machte sich auf den Weg, begleitet von bewaffneten Reitern. Schnell verschwanden sie zwischen den Bäumen.

Die Zeit ging dahin. Kuno wartete in seiner Stellung, dass das Gespann mit dem Getreide wieder zurückkehrte. Dieses Warten kam ihm endlos vor. Plötzlich sah er den Getreidewagen vorsichtig nahen. Ihm fiel ein Stein vom Herzen.

Doch was war das! Auch auf der anderen Seite rührte sich etwas. Ein ganzer Trupp der Belagerer durchstreifte gerade den Wald und näherte sich dem Getreidewagen gefährlich. Was sollte er tun? Er musste seinen Vater und die Gefolgsleute warnen! Da fiel ihm etwas ein. Sein Vater hatte ihm auf ihren Streifzügen einmal beigebracht, den Ruf des Kuckucks nachzuahmen, und Kuno konnte das inzwischen recht gut. Das konnte er versuchen. Er legte beide Hände hohl um seinen Mund und brachte einen Kuckucksruf zustande.

Bange schaute er zum Getreidewagen, der von dem feindlichen Trupp abgeschnitten zu werden drohte. Weder die eigenen Leute noch die Feinde hatten bisher etwas bemerkt.

Noch mal, etwas lauter vielleicht! Diesmal schienen sie ihn gehört zu haben. Ja, tatsächlich! Sie drehten vorsichtig ab und nahmen einen anderen Weg. Jetzt waren sie nicht mehr weit von der Burg entfernt.

Gleich kam zwar das kürzeste, aber schwierigste Stück. Sie mussten vom Waldrand aus so schnell sie konnten zur Burg preschen, da sie auf diesem letzten Weg ganz ungeschützt fuhren und jederzeit von den Belagerern gesehen werden konnten. »Jetzt nur nicht die Nerven verlieren, ganz ruhig bleiben!«, ging es Kuno durch den Kopf.

Er schlich sich zur Burg hoch, um im richtigen Moment das Kommando zum Herunterlassen der Zugbrücke zu geben. Kuno konnte vor Aufregung kaum atmen. Zitternd stand er auf der Mauerbrüstung und beobachtete, was draußen vor sich ging.

Der Getreidewagen fuhr sehr schnell auf die Burg zu. Aber da, die Belagerer hatten den Wagen nun auch entdeckt und jagten auf ihren Pferden hinterher! Wenn das nur gut ging! Ritter Kuno und seine Gefolgsmänner trieben die Pferde an, dass es nur so staubte.

Jetzt das Tor öffnen! Kuno gab das Kommando. Die Zugbrücke wurde heruntergelassen, die schweren Holzriegel des Tores gelöst. Der Getreidewagen schoss in die Burg hinein. Gerettet! Keuchend stand Kuno an die Brüstung gelehnt. Er konnte noch gar nicht glauben, dass alles gut gegangen war. Unten jubelten sie schon. Er eilte in den Burghof. Glücklich fielen sich dort Ritter Hugo und seine Gefolgsmänner in die Arme. Die Frauen standen im Hof und schlugen jubelnd Töpfe und Pfannen gegeneinander.

Plötzlich schrie Ritter Hugo: »Ein Hoch auf den tapferen kleinen Ritter Kuno!« Und die Gefolgsmänner fielen ein: »Hoch, hoch, hoch, es lebe unser mutiger Ritter Kuno!« Kuno war glücklich und stolz.

Wenige Tage später kam dann Hilfe. Eine Ritterschar des befreundeten Grafen traf ein und befreite die Burg von der Belagerung. Die feindlichen Ritter zogen nach kurzem Kampf ab.

Im Burghof stand ein alter Haselnussbaum. Immer stand er schon da. Viele Winter und Frühlinge und viele Sommer. »Jetzt wird es Herbst«, sprach der Haselnussbaum zu einem Blatt, »jeden Tag wird es kühler. Ihr Blätter werdet schon langsam gelb. Auch der Wind wird von Tag zu Tag stärker.«

»Bitte, Baum, mach, dass es Sommer bleibt«, flehte das Blatt. »Ich will nicht gelb und kraftlos werden. Ich will nicht herunterfallen oder gar wegfliegen! Hier ist es so schön!«

»Hab keine Angst«, flüsterte ein anderes Blatt, »das Fliegen ist bestimmt auch schön. Wir können dabei eine Menge Dinge sehen, die wir sonst nie sehen.«

»Ich bin froh, wenn ihr abfallt«, meinte der Haselnussbaum, »denn ohne euch kann ich besser meine Winterruhe halten und neue Kraft für den Frühling schöpfen. Fliegt nur weg, meine lieben Blätter!«

Da kam ein gewaltiger Wind auf und nahm viele Blätter mit sich fort. Nur das ängstliche Blatt klammerte sich krampfhaft an seinen Zweig. »Ich will nicht loslassen, ich will nicht loslassen«, dachte es. »Nur Mut!«, rief ihm ein Blatt zu, das sich gerade vom Nachbarzweig gelöst hatte und hinaus in die Welt segelte.

Schließlich waren alle Blätter abgefallen, bis auf das ängstliche Blatt, das sich immer noch festhielt. Doch es kam sich jetzt sehr verlassen vor, so allein am Baum. All die anderen Blätter lagen am Boden oder trieben durch die Luft in die Welt.

»Ob ich es wagen soll?«, fragte sich das Blatt.

»Nur Mut!«, sagte noch einmal der Baum. Da ließ das Blatt los.

Ach, wie war es schön zu schweben, einfach zu schweben. Der Wind wurde stärker und trug das Blatt ein Stück mit sich. Was es von hier oben alles zu sehen gab! Am Baum hatte es gerade einmal die Nachbarzweige gesehen, die Mauern der Burg und nur ab und zu ein paar Sonnenstrahlen.

Wie froh war das Blatt, dass es losgelassen hatte.

Jetzt sah es über die Burgmauern, segelte hoch in die Luft, den Burgberg hinunter. Da war der Waldrand, die roten Dächer eines kleinen Hauses und da ein kleiner See. Der Wind wurde jetzt schwächer und das Blatt schwebte lautlos dem kleinen See entgegen.

»Wie wunderbar leicht ich bin«, dachte es, »so leicht wie noch nie. Der Wind wiegt mich hin und her, und ich bin ruhig. Ruhig und zufrieden.«

Das Blatt landete schließlich am Seeufer. »Hier kann ich mich ausruhen«, dachte es. »Und vielleicht kommt bald wieder ein Windstoß, der mich weitertreibt. Wer weiß?«

▬ ▬ Lied vom Wind

Wind, Wind, Wind, Wind,
blas nicht so geschwind ‚schwind!
Gestern ist schon so lang her,
so lang her, weiß nicht mehr.
Heut ist bald vergangen.
Rot sind meine Wangen.
Wind, Wind, Wind, Wind,
bläst du doch geschwind ‚schwind!
Wind, Wind, Wind, Wind,
blas nicht so geschwind ‚schwind!

Jahre ziehen, viele Jahre,
Sommer, Winter, wunderbare.
Kleiner Kuno ist nun groß,
reitet fort – wo ist er bloß?
Wind, Wind, Wind, Wind,
bläst du doch geschwind ,schwind!

Wind, Wind, Wind, Wind,
blas nicht so geschwind ,schwind!
Moos wächst auf dem Burgenstein.
Das Gespenst ist so allein.
Was soll es nur machen?
Nirgendwo ein Lachen.
Wind, Wind, Wind, Wind,
bläst du doch geschwind ,schwind!

Wind, Wind, Wind, Wind,
blas nicht so geschwind ,schwind!
Viele Sommer, viele Winter,
überall nun neue Kinder.
Eins davon bist du.
Höre nur gut zu!
Wind, Wind, Wind, Wind,
bläst doch so geschwind ,schwind!

Wind, Wind, Wind, Wind,
blase nun geschwind ,schwind!
Blas hinauf das blaue Tuch,
blas die Seite um im Buch.
Blase, Wind, und dichte,

pfeif uns die Geschichte!

Wind, Wind, Wind, Wind,

bläst doch so geschwind ‚schwind!

▪▪ Das furchtsame Gespenst

Da stehst du nun vor der verlassenen Burg. Ganz unten am Burggraben führt eine enge Geheimtür hinein. Du hast sie nur zufällig entdeckt. Sie war nicht verschlossen und so drückst du dich mit klopfendem Herzen hindurch. Es riecht stickig, ja modrig in dem niedrigen Gang. Von der Decke klatschen ab und zu schwere Tropfen in Wasserpfützen auf dem Boden des Ganges. Ein Weilchen fällt noch ein Lichtstrahl durch den offen gelassenen Türspalt, Spinnfäden an den Seiten des Ganges glänzen darin. Doch der Gang führt um eine Ecke, und das Licht bleibt zurück.

Du bleibst stehen. Du kneifst die Augen zusammen und öffnest sie wieder. Du hörst dein Herz pochen. Dein Atem geht schnell. Ein paar Schweißtropfen stehen auf deiner Stirn. »Ganz ruhig«, sagst du dir und atmest einmal tief durch. Dann ballst du die Hände zu Fäusten und entspannst sie wieder. Du achtest auf deinen Atem. Du stellst dir die Ruhe vor. Nun geht es schon besser. »Mit Mut geht's gut!«, sagst du dir und gehst weiter.

Wieder eine Tür. Du drückst langsam die Klinke hinunter. Du öffnest die Tür und schlüpfst hindurch. Das ist der Rittersaal. Nichts mehr als nackte Wände. Dort in der Mitte muss der große Rittertisch gestanden haben. Langsam gehst du durch den leeren Raum. Durch die Fensteröffnungen siehst du in den Innenhof der Burg. Auch der ist leer. Nur eine Linde steht in der Mitte des Hofs. Und an einer Seite wächst ein uralter Haselnussbaum.

Du verlässt den Rittersaal. Durch einen langen Gang gehst du. Dann durch eine schwere Holztür. Der Gang biegt nach rechts. Du gehst um die Ecke – und schrickst furchtbar zusammen. Schnell springst du um die Ecke zurück und drückst dich gegen die Wand. Nach einer Weile hast du dich wieder ein wenig beruhigt. Auf Zehenspitzen schleichst du an die Ecke heran und lugst vorsichtig um sie herum – und schrickst aufs Neue zurück. Denn das weiße Geschöpf, mit dem du fast zusammengestoßen wärst, hatte genau dieselbe Idee. Aus nächster Nähe hast du nun in die leeren Augen geschaut.

Du drückst dich wieder an die Wand und weißt nicht, was du tun sollst. Dann achtest du auf deinen Atem. Du achtest einfach auf ihn, ohne ihn verändern zu wollen, spürst, wie er ein- und ausströmt. »Mit Mut geht's gut!«, denkst du dir. Dann sagst du laut: »Wer bist du?« Hohl schallt es von den Wänden zurück.

Ein paar Sekunden herrscht völlige Stille, dann hörst du ein schüchternes Stimmchen: »Eigentlich niemand – aber dafür hast du mich ganz schön erschreckt.« Du machst einen vorsichtigen Schritt um die Ecke herum und da siehst du es wieder, das weiße Geschöpf. Als es dich so nahe sieht, drückt es sich noch enger gegen die Wand. Aber es flieht nicht, hält seine Augen nur immer auf dich gerichtet.

»Wenn du nicht so viel Angst hättest, würde ich fast meinen, du bist ein kleines Gespenst«, sagst du.

»Ich bin ein kleines Gespenst und ich hab keine Angst«, meint das weiße Ding trotzig. »Ich fürchte mich nur«, setzt es kläglich hinzu.

Du musst lachen. »Wo ist denn da der Unterschied?«, fragst du.

»Na, wenn man Angst hat, weiß man eigentlich gar nicht, wovor. Das ist dumm«, antwortet das kleine Gespenst. »Aber wenn man sich fürchtet, dann weiß man das. Ich fürchte mich eben vor dir – ist das nicht klug?«

Wieder musst du lachen und sagst dann: »Vor mir brauchst du dich aber gar nicht zu fürchten.«

»Und du dich nicht vor mir«, meint das kleine Gespenst. Es löst sich nun von der Wand und kommt näher. Unwillkürlich trittst du einen Schritt zurück. Aber dann atmest du tief durch und streckst deine Hand aus. Das kleine Gespenst schaut sie erst von allen Seiten genau an, dann legt es vorsichtig die seine hinein. Es durchschauert dich etwas, denn seine Hand fühlt sich so merkwürdig an, als sei sie eigentlich gar nicht vorhanden. Doch schließlich überwindest du dich und ihr schüttelt euch sachte die Hände. Du hast einen neuen Freund gefunden. Zusammen streift ihr durch die verlassene Burg.

Lied vom kleinen Burggespenst

He, sag nicht, dass du mich nicht kennst:
Ich bin das kleine Burggespenst!
Wenn nachts die Fensterläden klappern,
wenn alle an den Nägeln knabbern,
wenn selbst die Steine kläglich singen,
Nachtvögel durch den Himmel schwingen,
wenn Katzen zanken, Hunde heulen,
dann wachen nicht nur weise Eulen,
dann bin ich sicher auch nicht weit,
denn das ist doch die schönste Zeit.
He, sag nicht, dass du mich nicht kennst:

Ich bin das kleine Burggespenst!

Wenn überall die Nebel wallen,

geheimnisvolle Lichter fallen,

wenn lenkerlose Wagen fahren,

wenn es dich zieht an deinen Haaren

und niemand da ist, und doch schreit,

wenn es im höchsten Sommer schneit,

dann bin ich sicher auch nicht weit,

denn das ist doch die schönste Zeit.

He, sag nicht, dass du mich nicht kennst:

Ich bin das kleine Burggespenst!

Vielleicht kannst du im Dunkeln sehen,

vielleicht kannst in der Luft du gehen,

vielleicht kannst du auf Wasser stehen.

Du musst dich einmal um dich drehen,

doch ohne dich dabei zu rühren,

dann kannst du alles anders spüren.

Wenn du das schaffst, bin ich nicht weit,

denn das ist dann die schönste Zeit.

Mit dem Gespenst durch die Burg

Während ihr die Treppe hinunter zum Burgverlies steigt, schüttet dir das kleine Gespenst sein Herz aus. »Ach«, sagt es, »wenn du nur wüsstest! Am schlimmsten ist es um Mitternacht. Es ist dann so still, dass du nur das Knarren des alten Holzgebälks hören kannst. Nicht einmal einen tropfenden Wasserhahn gibt es!«

»Aber es ist doch schön, wenn es still ist«, meinst du. »Bei uns hörst du dauernd nur Autos und Flugzeuge.«

»Schön – schon«, sagt das kleine Gespenst ganz verzweifelt und schlurft den nächsten Treppenabsatz hinunter. »Aber dann ist doch Gespensterstunde. Seit der kleine Ritter Kuno damals mit dem Kaiser über die Alben gezogen ist, hat niemand mehr hier gewohnt. Niemals ist er zurückgekommen. Und ich steh da und weiß nicht, wen ich erschrecken soll.«

Du lachst und steigst dem kleinen Gespenst hinterher. »Das ist schwierig«, sagst du.

»Eine Zeit lang haben wir uns eben gegenseitig erschreckt«, erklärt das kleine Gespenst. »Aber schon vor zweihundert Jahren ist uns das auch zu langweilig geworden.«

»Wir?«, fragst du. »Gibt es denn noch ein Gespenst in der Burg?«

»Ach, nein, schon lange nicht mehr«, klagt das kleine Gespenst. »Die sind alle ausgewandert. Nur noch ein paar Fledermäuse sind hier, unten im Kellergewölbe.«

»Fledermäuse?« Du bleibst stehen. »Die sind doch ganz selten und stehen unter Naturschutz.«

»Wenn ich ein Tier oder eine Pflanze wäre, ich stünde auch unter Naturschutz.« Das kleine Gespenst seufzt tief und dreht sich zu dir um. »Jedenfalls ist es einfach zu langweilig. Neulich war Vollmond, die allerbeste Zeit. Und in der ganzen langen Gespensterstunde war das Einzige, was ich erschrecken konnte, eine vorwitzige junge Maus, die sich aus dem Keller heraufverirrt hatte. Und die ist auch nur erschrocken, weil sie dachte, ich wär eine Katze.«

Ihr bewegt euch nun einen schmalen Gang entlang. Hier unten ist es duster, die Wände sind aus bloßem Stein. »Du armes kleines Gespenst«, sagst du mitleidig. »Was kann ich bloß für dich tun?«

Das kleine Gespenst bleibt wieder stehen und schaut dich an. »Willst du das wirklich?«, fragt es. »Du könntest Kinder in die Burg bringen. Die könnten hier übernachten, in Schlafsäcken, was es eben so gibt. Und um Mitternacht, dann komme ich und erschrecke sie. Das wäre fantastisch!«

»Aber ob das den Kindern gefallen würde?«, fragst du zweifelnd.

»Aber natürlich«, meint das kleine Gespenst gleich. »Sich zu erschrecken macht doch auch Spaß. Warum glaubst du, hören Kinder so gerne Gespenstergeschichten? Und warum gibt es auf dem Jahrmarkt wohl eine Geisterbahn? Ich hab das genau gehört«, sagt es mit Nachdruck, »der Neffe vom heutigen Burgbesitzer, der einmal im Jahr die Burg besucht, hat es gesagt.«

»Ja, schon ...«, beginnst du. Aber das kleine Gespenst ist so aufgeregt, dass es dich gleich unterbricht.

»Und außerdem gibt es ja auch Mutmach-Sprüche, wenn ein Kind sich zu sehr erschreckt.«

»Das stimmt«, sagst du.

Dann seid ihr in der Folterkammer. Du verziehst das Gesicht, als du die schweren Ketten siehst. »Da wurden einem die Arme und Beine lang gezogen«, zeigt dir das kleine Gespenst. »Und mit den Zangen wurden die Leute gekniffen.« Du verziehst das Gesicht noch viel mehr.

»Aber wozu ist wohl der Schaukelstuhl da?«, fragst du dann neugierig.

»Das ist eines der Folterinstrumente von Roland dem Dreizehnten«, erklärt dir das kleine Gespenst. »Der war ein bisschen verrückt. Seine Feinde, wenn er sie denn erwischte, die wurden an den Schaukelstuhl gekettet und mussten immerzu schaukeln, tagein und tagaus. Zu trinken bekamen sie nur Bier, und zu essen gab es immer bloß Kuchen.«

Das kleine Gespenst schüttelt sich und geht dann weiter. »Und da, diese Gänsefeder«, es zeigt auf einen alten Tisch, auf dem einige Dinge liegen, »damit wurden die armen Menschen gekitzelt, bis sie alle ihre Geheimnisse verrieten. Und Geheimnisse gab es früher eine Menge. Eine ganze Kammer voll Gold soll einmal ein gefangener Graf bezahlt haben, bloß um nicht mehr Kuchen essen zu müssen und die Kitzelfeder los zu sein.«

»Und was ist hinter dieser Tür?«, fragst du neugierig. »Ist da die Schatzkammer?«

»Dahinter ist allerdings die Schatzkammer«, sagt das kleine Gespenst und schüttelt sich wieder. »Aber da gehe ich nicht hinein. Denn da spukt es.«

▬ ▬ Das Geheimnis der Schatzkammer

Die alte Katze macht es sich zwischen den Kisten bequem. Hier schlummert sie ganz besonders gern, denn hier ist es schön dunkel und völlig still. Nur ab und zu raschelt eine Maus in der Ecke. Dann sind ihre Katzenträume besonders süß.

Doch plötzlich: Da ist eine Bewegung an der Tür! Jemand macht sich von außen an ihr zu schaffen. Langsam öffnet sie sich. Die Katze ist aufgesprungen, auf eine der leeren Kisten hinauf. Ihr Buckel krümmt sich bei jedem Knarren der Tür noch mehr. Ihre langen Barthaare sträuben sich. Die Tür ist halb offen. Ein paar Sekunden lang passiert gar nichts. Die Katze rührt sich nicht vom Fleck und starrt unverwandt auf die Tür. Da lugen zwei Augenpaare vorsichtig an der Türkante vorbei in den Raum. Die Katze faucht, so laut sie nur kann. *Zwei*

Augenpaare waren das wohl – doch nur ein einziger Schrei ist zu hören, so klingen die Stimmen zusammen. Dann schlägt die Tür wieder zu.

Vor der Tür klammert sich das kleine Burggespenst schlotternd an dich. »Hab ich's dir nicht gesagt!«, flüstert es aufgeregt. »Schwarz wie die Nacht, zwei Augen wie glühende Wagenräder ... das muss der Teufel persönlich sein!«

Auch du bist erschrocken. Aber Augen hast du wohl bessere. »Das war eine Katze«, meinst du. »Eine schwarze Katze, die einen Buckel machte. Komm, wir versuchen es noch mal!«

»Versuchen es noch mal ...«, das kleine Gespenst schaut dich ganz erstaunt an. »Was denn? Noch mal davonlaufen? Wir haben die Tür doch schon wieder geschlossen. Meinst du, wir sollen sie richtig verrammeln?«

»Ich meine, noch mal hineingehen«, sagst du und deutest auf die Tür.

»Wunderbar, wunderbar«, murmelt das kleine Gespenst. »Sag mir dann, wie es war. Ich geh derweil in die alte Speisekammer, Mäuse erschrecken.«

»Nein, du kommst mit!«, forderst du und packst es an seinem langen Ärmel, als es sich verdrücken möchte. »Na schön, na schön«, presst es hervor, »aber du gehst voraus. Ich bleib hinter dir und pass auf, dass dich niemand von hinten anfällt. Ein Tiger vielleicht – oder ein Mensch.«

Langsam öffnest du wieder die Tür. Auch du bist aufgeregt. »Mit Mut geht's gut!«, sagst du dir und stößt die Tür auf.

Und da hockt sie. Der Buckel gewaltig, gesträubte Barthaare, die Augen blitzen euch an. Aus ihrer Kehle kommt ein warnendes Geräusch. Du achtest auf deinen Atem. Du gehst langsam auf die Katze zu, ganz langsam, damit sie jede Bewegung verfolgen kann. Langsam hebst du die Hand. Langsam senkst du sie wieder und streichst der Katze über den Rücken. Erst ist sie ganz steif, aber bald legt sie sich hin und beginnt freundlich zu schnurren. Über den Rücken streichst du ihr und über die Flanken. Schließlich kraulst du sie sogar am Kopf.

Das kleine Gespenst ist neben dich getreten. Es streckt eine Hand aus – und die Katze beginnt wieder drohend zu knurren. Schnell zieht es die Hand zurück. Doch dann versucht es das noch mal – und alles geht gut. »Hab ich's nicht gleich gesagt!«, murmelt das kleine Gespenst glücklich.

»Und wo sind nun die Goldtruhen?«, fragst du. »Nur ein paar leere Kisten und staubige Regale!«

»Aber ein Goldkätzchen.« Das kleine Gespenst schaut dich an, und ihr lacht.

▬ ▬ Hasenbrüder

Am Burgberg liegt eine Wiese. Hopsi und Topsi, die beiden Hasenbrüder, hoppeln eines Morgens aus ihrem Bau, um neue Abenteuer zu erleben. Heute ist ein besonders herrlicher Tag, die Sonne wärmt den Pelz der Häslein und die Blumen zeigen ihre schönsten Blüten.

»Komm, wir spielen Verstecken«, sagt Topsi. »Ich mache die Augen zu, warte eine Weile und dann such ich nach dir.«

»In Ordnung«, sagt Hopsi und hoppelt schnell davon.

Hurtig versteckt er sich unterm Holunderbusch. Hier findet ihn Topsi bestimmt nie!

Topsi hat inzwischen mit der Suche begonnen. Wo kann Hopsi nur stecken? In dem verlassenen Fuchsbau ist er nicht, auch nicht hinter der alten Buche. Ha, bestimmt sitzt er in dem ausgehöhlten Baumstamm, in den der Blitz einmal eingeschlagen hat!

Schnell hoppelt Topsi hin. Aber nein, Fehlanzeige!

Wo steckt er nur! Ah, da drüben, der Holunderbusch, bestimmt hat er sich da versteckt. Ja, da schaut ein Stück von Hopsis Schlappohr heraus.

»Ich hab dich«, ruft Topsi so laut er kann, »dort unter dem Holunderbusch!«

»Na endlich«, ruft Hopsi und kommt hervorgehoppelt. »Das hat aber lange gedauert.«

»War ja auch schwierig«, meint Topsi. »Wollen wir's noch mal spielen?«

»Nö«, meint Hopsi, »ich hätte jetzt eher Lust spazieren zu gehen. Vielleicht finden wir ein paar Mäuse, die wir ein bisschen erschrecken können.«

»Ja«, meint Topsi, »oder wir jagen Käfer und Ameisen, das macht auch Spaß.«

Hopsi und Topsi treiben erst ganz schön Schabernack mit einigen Mäusejungen. Dann jagen sie Ameisen und Käfer vor sich her. Und schließlich ärgern sie noch einen Feldhamster.

»Na, dem haben wir aber gezeigt, wer der Stärkere ist!«, lacht Topsi.

»Ja, wir sind die mutigsten Hasen auf der ganzen Wiese«, sagt Hopsi stolz.

»Aber schau mal, Topsi, da drüben am Seeufer sitzen zwei Menschenjungen. Komm, wir hoppeln mal näher und belauschen sie ein bisschen!«

Gesagt, getan! Hopsi und Topsi hoppeln in das nahe gelegene Gebüsch, wo sie die beiden Jungen sehen und hören können.

»Komm«, sagt der eine Junge, »wir klettern auf die Buche da drüben.«

»Nein«, sagt der andere, »das trau ich mich nicht. Die Äste sehen so dünn aus, die könnten brechen, und ich könnte runterfallen.«

»Na, du bist vielleicht ein Angsthase!«, lacht der erste Junge.

»Hast du das gehört?«, fragt Topsi seinen Bruder verwundert. »Der hat zu dem Jungen ›Angsthase‹ gesagt. Verstehst du das?«

»Nein«, entgegnet Hopsi. »Die Menschen reden manchmal komische Sachen. Wenn die wüssten, wie sich die Käfer und Ameisen vor uns fürchten und wie die Feldhamster und Mäuse vor uns Reißaus nehmen! Ein Hase und Angst haben, das kann doch wohl nicht wahr sein! Wir jedenfalls sind die mutigsten kleinen Hasen auf der ganzen Wiese!

Komm«, sagt Hopsi zu seinem Bruder, »lassen wir diese dummen Menschenkinder. Wir spielen wieder Verstecken!«

▬ ▬ Tobias sucht Freunde

»Das ist heute wieder ein blöder Tag«, mault Tobias vor sich hin, als er von der Schule nach Hause läuft. Den Weg nach Hause kennt er schon, obwohl er erst seit drei Tagen hier wohnt. »So ein blödes Nest«, denkt Tobias und kickt missmutig einen Stein vor sich her. »Ich möchte lieber wieder zurück, zu meinen Freunden, und zum Mühlbach, an dem man so schöne Staudämme bauen kann. – Was Mama wohl sagt, wenn sie den Kakaofleck auf meiner Hose sieht? Dieser blöde Tim, dieser Angeber, stellt mir einfach ein Bein! Und alle haben gelacht! Ich glaube, die können mich einfach nicht leiden. Und diese blöde Burg, von der sie immer tuscheln. Ich war doch auch oben, allein: bloß alte Steine!«

Am Haus angelangt, klingelt Tobias und steigt dann langsam die Treppe hoch. In der Diele wirft er seinen Schulranzen in die eine Ecke, die Jacke in eine andere und geht dann zur Mutter in die Küche. »Wie siehst du denn aus!«, ruft die Mutter erschrocken.

Das hatte er sich schon gedacht!

»Ich gehe morgen nicht mehr in die Schule«, sagt Tobias und sieht seine Mutter entschlossen an.

»Was soll das denn heißen?«, fragt sie und zieht Tobias neben sich auf einen Stuhl am Küchentisch, wo sie gerade dabei ist, Karotten zu putzen. »Gab's Ärger?«

»Die können mich alle nicht leiden, die ärgern mich die ganze Zeit!«, klagt Tobias. Er weint fast. »Egal, was ich sage oder tue, ständig machen sie sich über mich lustig. Als Tim mir das Bein gestellt hat und ich mit meinem Kakao drübergeflogen bin, haben die sich halb totgelacht. Und als ich dann vor Wut rot angelaufen bin, haben sie mich wieder ausgelacht. Ich will da nicht mehr hin. Ich will zurück nach Mühlberg, wo alle meine Freunde sind. Hier ist es blöd!«

»Aber Tobias«, tröstet ihn die Mutter und legt den Arm um ihn, »du wirst auch hier Freunde finden, du musst nur Geduld haben.«

»Ich möchte aber lieber gleich Freunde haben, sonst kann ich morgen nicht in die Schule gehen.«

»In der Schule findet man aber viel leichter Freunde als zu Hause«, meint Mutter und schaut Tobias ernst an.

»Du hast leicht reden«, meint der. »Wie soll ich das denn anstellen?«

»Du musst ja nicht unbedingt warten, bis einer von ihnen dich zum Freund aussucht. Such dir doch selbst einen aus! Welches Kind findest du denn nett und würdest gerne mit ihm spielen?«

»Tja, wenn ich mir's genau überlege, eigentlich Tim«, meint Tobias.

»Ist das der, der dir heute morgen das Bein gestellt hat?«, fragt die Mutter nach.

»Na ja, das war schon blöd von ihm, aber ich glaube, er ist sonst ein prima Kumpel.«

»Na, dann lade ihn doch heute Mittag zum Spielen ein«, schlägt Mutter vor.

»Nein, auf keinen Fall, da habe ich Angst«, wehrt Tobias ab.

»Vielleicht hat ja Tim auch Angst, dich mal zu fragen, ob du mit ihm spielen willst«, meint die Mutter.

Tobias denkt nach. »Aber was soll ich machen, wenn er nicht mit mir spielen will?«

»Dann ist es auch nicht schlechter als vorher, denn jetzt hast du ja auch niemanden zum Spielen.«

»Da hast du eigentlich recht«, überlegt Tobias. »Trotzdem habe ich Angst davor, ihn anzurufen.«

»Das verstehe ich«, meint die Mutter. »Aber du weißt ja: ›Mit Mut geht's gut!‹ Und wenn du es nicht ausprobierst, wirst du es nicht erfahren.«

Tobias geht nachdenklich aus der Küche. Fünf Minuten später kommt er freudestrahlend zurück. »Du siehst ja so glücklich aus«, freut sich die Mutter. »Hat alles geklappt?«

»Du, Mama, ich muss gleich mal weg. Tim hat mich gefragt, ob ich mit ihm und ein paar Freunden hoch zur Burg gehe.«

»Aha«, meint Mutter. »Was habt ihr denn vor?«

»Streng geheim, Mama«, grinst Tobias. »Nur so viel verrat ich: Es hat etwas mit einem Gespenst dort zu tun.« Er gibt ihr einen Kuss und rennt los.

Die Geschichten dieses Kapitels richten sich besonders an jüngere Kinder. In einigen Geschichten wird ein kleines Abenteuer erlebt, mit Bewältigungssprüchen und Entspannung. Einige dienen nur der Entspannung oder führen in Achtsamkeit und Konzentration ein.

▬▬ Kleiner Bär am Alten Brunnen

Tief im Bärenwald, hinter dem Eichenberg und den Schmetterlingswiesen, liegt an einem Berghang der Alte Brunnen. Aus einer gemauerten Steinwand schießt das Wasser durch ein gebogenes Rohr hinein in den Trog. Dort sammelt es sich, schwappt hin und her. Und dann fließt es weiter, über den Brunnenrand, hinein in den Waldboden, wo es versickert.

Weshalb der Alte Brunnen eigentlich »Alter Brunnen« heißt, das weiß niemand im Bärenwald. Denn er steht hier schon immer. Keiner weiß, wer ihn gebaut hat, keiner weiß, wohin seine Erbauer gegangen sind. Die Steine des Brunnens wüssten es vielleicht. Alt genug sind sie jedenfalls dazu. Aber die schweigen.

Die alte Buche, deren Äste über dem Brunnen hängen, die flüstert wohl manchmal im Wind. Aber wann der Brunnen gebaut wurde, kann auch sie nicht sagen. Denn er ist hier schon gestanden, als sie mit ihrem ersten Spross aus dem Waldboden schaute. Und schon damals sah er so alt aus wie heute.

»Interessiert doch gar nicht, wie alt der Brunnen ist«, pfeift ein Fink auf dem Buchenast über dem Brunnen. »Hauptsache, ich kann von seinem Wasser trinken, wenn ich durstig bin!«

Von fern ruft ein Kuckuck, als wolle er sagen: »Das glaube ich auch!« Der Buchenast wiegt leicht im Wind auf und nieder. Die Buche würde schon gerne wissen, wie alt der Brunnen ist. Denn alt, das ist sie nun selbst geworden.

Einer interessiert sich ganz bestimmt nicht dafür. Das ist der kleine Bär. Der liegt ganz einfach vor dem Brunnen im Gras und lässt sich von der Sonne bescheinen. So weit ist er noch nie gewandert, den Alten Brunnen sieht er heute zum ersten Mal. Hier macht er nun Rast, bevor es wieder zurückgeht, zur Bärenhöhle. Aber er hat noch genug Zeit, so hört er dem Rauschen des Brunnens zu.

Ganz ruhig und wohlig fühlt sich der kleine Bär. Er hört auf das Rauschen des Brunnens. Er hört, wie es gluckst, wie es mal heller, mal dunkler tönt, immer im Wandel. Manchmal meint der kleine Bär, Stimmen im Rauschen zu hören, ineinander verflochten, wie Schnüre oder wie lange Haarsträhnen. Aber dann merkt er: Da sind keine Stimmen *im* Wasser, sondern die Stimmen *sind* das Wasser.

Da liegt der kleine Bär – ganz ruhig. Kannst du die Ruhe des kleinen Bären spüren? Die Ruhe ist überall in ihm, ganz tief. – Schwer sind die Tatzen des kleinen Bären, ganz schwer. Fühlst du, wie schwer seine Tatzen sind? Der kleine Bär ist schwer, ganz schwer. – Und warm sind die Tatzen des kleinen Bären, schön warm. Fühlst du, wie warm sie sind? Die Wärme strömt durch seinen ganzen Körper. Der kleine Bär ist warm, schön warm. – Sein Atem geht ein und aus, ein und aus, ganz ruhig und gleichmäßig, ganz von allein. – Der kleine Bär ist ruhig, schwer und warm – ruhig, schwer und warm. – So liegt er ein Weilchen und ruht sich aus. Er ruht sich aus und fühlt die neue Kraft tief in sich wachsen.

Auf seinem Streifzug stößt das Kätzchen auf einen Spielplatz. Im Sandkasten spielt niemand. Nur zwei vergessene Eimer und eine Schaufel liegen im Gras. Niemand ruft auf der Rutsche. Die Seile und Sitze der Schaukel hängen still da. Kaum dass ein Windstoß mal eine kleine Bewegung macht.

Da ist noch ein Gerät. Ein Balken – der in der Mitte aufliegt. An den beiden Enden sind Sitze, da setzen sich manchmal Kinder hinein. Und dann wippen sie auf und ab. »Als wenn das eine Kind einmal leichter und das andere Kind einmal schwerer würde«, denkt das Kätzchen. »Aber wieso können die Kinder so schnell ihr Gewicht verändern?«

Jetzt steht die Wippe ganz still. Ein Sitz ruht auf dem Boden, der andere steht in der Luft. Das Kätzchen läuft einmal vorsichtig um die Wippe herum. Die Sitze sehen gleich aus, beide Seiten des Balkens sind gleich lang. Wieso also ist der eine Sitz auf der Erde und der andere in der Luft?

Das Kätzchen ist so neugierig, es will alles genau wissen. Mit einem Satz springt es auf den Sitz, der am Boden ruht. Und steht dann ganz still. Alles in Ordnung. Die Wippe rührt sich nicht.

Vorsichtig schleicht das Kätzchen nun auf dem Balken hinüber zur anderen Seite. Immer behält es genau den anderen Sitz im Auge. Er rührt sich nicht. In der Mitte der Wippe bleibt das Kätzchen stehen und schaut sich um. Es ist ganz stolz auf seinen Mut, aber keine andere Katze und kein Mensch ist zu sehen, der es vielleicht bewundern könnte. Nur eine Amsel stochert unter den Bäumen im Gras.

»Mit Mut geht's gut!«, denkt sich das Kätzchen und schleicht weiter auf den anderen Wippensitz zu. Plötzlich scheint der

Balken unter seinen Tatzen leichter zu werden. Das Kätzchen wird ganz achtsam und vorsichtig. Noch ein Schritt – und dann passiert alles auf einmal: Die Wippe kracht auf die andere Seite, das Kätzchen springt aber schon vorher ab und landet auf dem weichen Rasen, die Wippe kracht wieder auf die alte Seite zurück.

Das Kätzchen macht einen Buckel. Stocksteif steht es da und schaut auf die Wippe. Aber die bewegt sich nicht mehr. Die Amsel ist fortgeflogen, sonst hat sich nichts in der Nähe verändert. Alles in Ordnung.

»Aber warum hat sich die Wippe plötzlich bewegt?«, fragt sich das Kätzchen. »Sie ist doch nicht anders geworden!« Und dann fällt es ihm ein: »Ich selbst bin es, der die Wippe bewegt hat! Weil ich auf die andere Wippenseite gelaufen bin, wurde sie schwerer, und weil sie schwerer wurde, ist die Wippe dort niedergekracht.« Das Kätzchen freut sich, dass es so etwas bewirken konnte. »So schwer bin ich!«, sagt es sich und streckt seine schmächtige Brust heraus.

Und dann probiert es das noch mal. Es springt wieder auf die Wippe am Boden, läuft schnell bis zur Mitte – und dann ganz vorsichtig weiter. Als die Wippe auf der anderen Seite zu Boden kracht, springt es rasch ab. Da steht es nun und freut sich, was es erlebt und gelernt hat. »Mit Mut geht's gut!«, sagt es sich nochmals und schreitet langsam und stolz nach Hause.

Das Kätzchen schleicht durch das halb offene Scheunentor. Es trippelt die Holzstiege zum Scheunenboden hinauf. Im Katzenlager zwischen den Heuballen sind die Geschwister versammelt und schnurren ihm zu. Da merkt das Kätzchen, wie müde es ist. Still legt es sich hin und streckt seine Pfötchen von sich.

Da liegt das Kätzchen – ganz ruhig. Kannst du die Ruhe des Kätzchens spüren? Die Ruhe ist überall in ihm, ganz tief. – Schwer sind die Pfoten des Kätzchens, ganz schwer. Fühlst du, wie schwer seine Pfoten sind? Das Kätzchen ist schwer, ganz schwer. – Und warm sind die Pfoten des Kätzchens, schön warm. Fühlst du, wie warm sie sind? Die Wärme strömt durch seinen ganzen Körper. Das Kätzchen ist warm, schön warm. – Sein Atem geht ein und aus, ein und aus, ganz ruhig und gleichmäßig, ganz von allein. – Das Kätzchen ist ruhig, schwer und warm – ruhig, schwer und warm. – So liegt das Kätzchen ein Weilchen und ruht sich aus. Es ruht sich aus und fühlt die neue Kraft tief in sich wachsen.

Kleiner Bär will mutig sein

Nicht weit vom Biberdamm haben sich die jungen Bären versammelt. Alle brummen und schimpfen. Und sie schimpfen gerade auf den kleinen Bären. Da steht er, den Kopf eingezogen, und hört sich all diese Reden an.

»Du hast wohl Angst?«, heißt es, und: »Das bisschen!«, und: »So ein Feigling!«, und: »Nun zeig mal, ob du Mut hast!«, und: »Wo sind jetzt deine Mutmach-Sprüche?«

Es geht um eine Mutprobe. Die jungen Bären haben ausgemacht, dass jeder von ihnen einmal im Mondenlauf zeigen soll, dass er Mut hat. Spuren lesen und Fische fangen, das lernen sie schon beim alten Bären am Teufelsbach. Beeren pflücken, das braucht ihnen niemand zu zeigen, das haben sie sofort selbst gelernt, als sie merkten, wie süß doch die Beeren sind. Und durch den Wald streifen sie sowieso den ganzen Tag. Fehlt nur noch der Mut. Den wollen sie sich selbst beweisen.

»Nur ein klitzekleines Fischlein«, brummt der älteste Jungbär zum kleinen Bären hin. »Das merkt der doch gar nicht, wenn
du schnell genug bist!«

»Aber der Biber ist mein Freund!«, brummt der kleine
Bär zurück. »Ich hab ihm geholfen, als sein Damm beschädigt
war.«

»Dann hast du ja etwas gut«, brummt ein anderer zurück.

»Also, mit Mut geht's gut!«, brummt der älteste Jungbär
und gibt dem kleinen Bären einen Klaps auf den Hintern.

Der trottet langsam los, hinunter zum Bibersee. Dem kleinen
Bären geht es gar nicht gut. Sein Herz pocht rasend, sein Atem
geht ganz schnell, er spürt, wie der Schweiß seinen Pelz hinun-
terläuft. »Das wäre doch unrecht, wenn ich dem Biber Fische
stehlen würde«, überlegt er. »Auch wenn es der Biber gar nicht
merken würde, es wäre doch unrecht!«

Aber die anderen ... da hinten stehen sie auf der Anhöhe.
Der kleine Bär kann ihre Blicke in seinem Rücken fühlen. Er
bleibt stehen und reibt sich mit einer Pfote Nacken und Schulter.
Dann trottet er weiter. Und dann weiß er plötzlich, was er tun
soll. »Ich drehe die Mutprobe einfach um«, sagt er sich. »So
wie die auf mich eingeredet haben, braucht es Mut, die Fische
nicht zu stehlen! Und dass ich Mut habe, das zeige ich denen!
Mit Mut geht's gut!« Und der kleine Bär spürt, wie er gleich
viel ruhiger wird.

Dann ist er auch schon am Seerand, wo der Biber neben
seiner Fischbeute im Gras liegt und sich sonnt.

»Hallo«, brummt der kleine Bär und legt sich zu ihm.

Der Biber öffnet ein Auge halb, dann öffnet er es ganz – und
dann macht er auch noch das andere auf und lacht. »Hallo,
schön, dass du wieder einmal vorbeikommst«, meint er. Dann

liegen sie nebeneinander und unterhalten sich ein wenig. Als der kleine Bär wieder geht, gibt ihm der Biber einen Fisch mit. »Ich hab ja noch mehr. Und besuch' mich mal wieder«, meint er.

Der kleine Bär trottet zurück in den Wald. Die anderen hätte er fast vergessen, aber da stehen sie auf der Anhöhe. »Na endlich«, brummt ihm der älteste entgegen, »wir dachten schon, du bleibst gleich ganz unten, lernst tauchen und wirst Biber! – Aber den Fisch hast du doch noch gestohlen«, setzt er zufrieden hinzu.

»Habe ich nicht«, brummt der kleine Bär froh.

»Und was ist dann das?«, fragt der Jungbär zurück und deutet auf den mitgebrachten Fisch. »Eine Heuschrecke vielleicht?«

»Oder ein Tannenzapfen – Schuppen hat der ja auch!«, platzt ein anderer Jungbär dazwischen.

»Das ist ein Fisch«, lacht der kleine Bär. »Der Biber hat ihn mir geschenkt.«

»Und was ist mit der Mutprobe?«, mault ein anderer Jungbär. »*So* sehr mutig ist es ja nicht, sich etwas schenken zu lassen!«

»Wenigstens keinen Fisch!«, meint wieder ein anderer. Und sie lachen.

»Aber es ist sogar *sehr* mutig, etwas nicht zu tun, obwohl alle es von einem verlangen«, meint der kleine Bär. »Und deshalb hab ich den Fisch nicht gestohlen.«

Die anderen Bären schauen verdutzt. Dann lachen alle und der kleine Bär lacht mit. »Da hat er recht«, meint der älteste. »Jetzt hat er den Fisch geschenkt bekommen – und die Mutprobe trotzdem bestanden!«

Die anderen drängen sich um den kleinen Bären. Er ist ganz stolz. Jeder gratuliert ihm zu seinem Mut. Der kleine Bär ist glücklich. »Ich hätte es aber auch so gemacht. Auch wenn alle gesagt hätten, ich sei feige. Denn mutig wäre es trotzdem gewesen«, denkt sich der kleine Bär.

Es ist sonnig auf der Anhöhe und alle sind müde geworden. Sie legen sich hin. Der kleine Bär streckt sich lang aus.

Da liegt der kleine Bär – ganz ruhig. Kannst du die Ruhe des kleinen Bären spüren? Die Ruhe ist überall in ihm, ganz tief. – Schwer sind die Tatzen des kleinen Bären, ganz schwer. Fühlst du, wie schwer seine Tatzen sind? Der kleine Bär ist schwer, ganz schwer. – Und warm sind die Tatzen des kleinen Bären, schön warm. Fühlst du, wie warm sie sind? Die Wärme strömt durch seinen ganzen Körper. Der kleine Bär ist warm, schön warm. – Sein Atem geht ein und aus, ein und aus, ganz ruhig und gleichmäßig, ganz von allein. – Der kleine Bär ist ruhig, schwer und warm – ruhig, schwer und warm. – So liegt der kleine Bär ein Weilchen und ruht sich aus. Er ruht sich aus und fühlt die neue Kraft tief in sich wachsen.

■ ■ Kätzchen unter der Windmühle

Blauer Himmel dehnt sich endlos über dem Land. Eine Lerche hat sich hinaufgeschwungen und singt ihr Lied, in immer wiederkehrenden, sich immer ein klein wenig wandelnden Strophen. Unter ihr schleicht das Kätzchen dahin, den Feldweg hinauf zur Windmühle.

Blumen wachsen am Wegrand, blaue, rote, gelbe. Ihre Blätter und Stiele aber sind grün. Sonnenblumen, Klatschmohn, Kornblumen, Windenblüten, Sternblumen, Kamille. Bienen summen von einer zur anderen.

Das Kätzchen ist unter der Windmühle angekommen. Da steht eine Bank, auf der sitzen manchmal Menschen und schauen ins Tal. Nun sitzt hier niemand. Das Kätzchen legt sich neben die Bank ins weiche Gras.

Über dem Kätzchen drehen sich die riesigen Flügel der Windmühle im leichten Wind, der von Süden her weht. Das Windlied in diesen Flügeln und das Knarren ihrer Aufhängungen sind fast das einzige, was zu hören ist. Das Kätzchen schließt seine Augen.

Da liegt das Kätzchen – ganz ruhig. Kannst du die Ruhe des Kätzchens spüren? Die Ruhe ist überall in ihm, ganz tief. – Schwer sind die Pfoten des Kätzchens, ganz schwer. Fühlst du, wie schwer seine Pfoten sind? Das Kätzchen ist schwer, ganz schwer. – Und warm sind die Pfoten des Kätzchens, schön warm. Fühlst du, wie warm sie sind? Die Wärme strömt durch seinen ganzen Körper. Das Kätzchen ist warm, schön warm. – Sein Atem geht ein und aus, ein und aus, ganz ruhig und gleichmäßig, ganz von allein. – Das Kätzchen ist ruhig, schwer und warm – ruhig, schwer und warm. – So liegt das Kätzchen ein Weilchen und ruht sich aus. Es ruht sich aus und fühlt die neue Kraft tief in sich wachsen.

■■ Kleiner Bär am schiefen Baum

Großvater Bär steht mit der Bärenbande auf der Anhöhe, neben dem verkrüppelten Baum. Der Baum ist ganz schief gewachsen und leicht zu erklettern.

»In den Baumwipfeln herumzuspringen, das überlasst ihr lieber den Eichhörnchen«, brummt Großvater Bär. »Aber ein bisschen sollte auch ein Bär klettern können – wenigstens solange er jung ist.«

Und so probiert nun ein junger Bär nach dem anderen, ob er den Baum wohl hinaufkommt. Bis auf den kleinen Bären haben es alle schon einmal versucht. Manchmal schiebt Großvater Bär ein wenig nach. So kommt jeder hinauf.

Oben sieht es dann wacklig aus. Nicht der Ast, nein, der liegt breit und dick und unerschütterlich in der Luft. Aber die jungen Bären, die schwanken hin und her, als könnten sie sich nicht recht entscheiden, auf welcher Seite sie herunterfallen wollen.

Großvater Bär lacht, als er das sieht. »Komisch«, meint er, »ihr habt doch dort oben genauso viel Festes unter den Pranken wie unten, wenn ihr über die Wiese lauft. Warum geht es dort oben nur schlechter?«

»Weil man von dort oben herunterfallen kann, von der Wiese aber nicht«, meint ein junger Bär eifrig.

»Aus Angst nämlich«, ergänzt ein anderer.

»Und wenn man Angst hat, wird man wacklig, und wenn man wacklig wird, dann fällt man tatsächlich leichter herunter«, erklärt Großvater Bär. Er hat sich auf die mächtigen Hinterpranken gesetzt und kratzt sich nun ausgiebig hinter den Ohren. »Und so geht das fast überall, wenn man Angst hat.«

»Nur bei uns Bären?«, fragt ein Jungbär neugierig.

»Nein«, brummt Großvater Bär, »das ist so bei allen Tieren im Wald.«

»Nur bei den Tieren im Wald?«, fragt der Jungbär gleich weiter.

»Bei den Tieren draußen ist es das Gleiche«, brummt Großvater Bär.

»Nur bei den Tieren?«, fragt der Jungbär schon wieder.

»Das ist so bei allem, was lebt«, brummt Großvater Bär. »Sogar bei den Menschen.«

»Erzähl, erzähl!« Die jungen Bären drängen sich um ihn.

Großvater Bär kratzt sich wieder hinter den Ohren. »Einfach bei allen«, meint er. Dann fällt ihm ein Beispiel ein. »Ihr lernt hier doch, was ein Bär alles wissen muss. Die Menschen lernen das auch, das nennen sie ›Schule‹. Die Menschenkinder gehen in die Schule und reden dort miteinander. Auch mit einem älteren Menschen, das ist der Lehrer.«

»Ein Großvater Mensch«, brummen die Jungbären vergnügt.

»Jedenfalls lernen die Menschenkinder dort. Und sie machen auch Prüfungen. In denen zeigen sie dann, was sie alles gelernt haben. Und wenn sie Angst haben, dann geht das nicht gut«, erklärt Großvater Bär.

»Dann wackeln sie auch«, rufen die Jungbären.

»Dann können sie nicht alles zeigen, was sie gelernt haben«, brummt Großvater Bär. »Ein bisschen Angst ist manchmal sogar ganz gut, aber zu viel Angst, das lässt sie dann wackeln.«

»Und was machen sie dann?«, fragt ein Jungbär.

»Dann machen sie das Gleiche wie wir«, brummt Großvater Bär und schaut der Reihe nach alle Jungbären an.

Ein Weilchen ist Stille. Denn alle überlegen, was das wohl ist, was sie dann machen. Dem kleinen Bären fällt etwas ein: »Sie achten auf ihren Atem!«, platzt er heraus.

»Oder sie machen etwas anderes zur Entspannung«, brummt Großvater Bär und schaut dem kleinen Bären in die Augen. »Oder sie sagen sich einen Mutmach-Spruch. »›Mit Mut geht's gut!‹ zum Beispiel. Aber das mit dem Atem ist meistens das Beste.«

»Und dann können sie ihre Aufgaben wieder?«, fragt einer der Jungbären.

»Dann wissen sie wieder, was sie gelernt haben. Lernen müssen sie vorher natürlich. Wenn sie nichts gelernt haben, dann nützt die beste Entspannung nichts. Denn die Entspannung hilft nur, damit man das Gelernte besser zeigen kann«, erklärt Großvater Bär.

»Aber jetzt machen wir weiter«, brummt er dann. »Ihr fragt mich ja noch dumm und dämlich! Und einer war noch nicht auf dem Baum!«

Der kleine Bär macht gleich einen Versuch, denn der eine, das ist er selbst. Zum Hochkommen braucht es einen tüchtigen Schubser. Aber dann steht er oben und schaut hinab auf den Teufelsbach. Das ist ein schöner Anblick und Angst hat der kleine Bär kaum, denn er achtet einfach auf seinen Atem.

»Gut gemacht!«, loben ihn alle. Er springt wieder auf die Erde hinunter.

»Für heute ist das genug«, brummt Großvater Bär. Und so legen sich alle hin, dicht zusammen. Sie legen sich unter den schiefen Baum. Der kleine Bär streckt sich lang aus.

Da liegt der kleine Bär – ganz ruhig. Kannst du die Ruhe des kleinen Bären spüren? Die Ruhe ist überall in ihm, ganz tief. – Schwer sind die Tatzen des kleinen Bären, ganz schwer. Fühlst du, wie schwer seine Tatzen sind? Der kleine Bär ist schwer, ganz schwer. – Und warm sind die Tatzen des kleinen Bären, schön warm. Fühlst du, wie warm sie sind? Die Wärme strömt durch seinen ganzen Körper. Der kleine Bär ist warm, schön warm. – Sein Atem geht ein und aus, ein und aus, ganz ruhig und gleichmäßig, ganz von allein. – Der kleine Bär ist ruhig, schwer und warm – ruhig, schwer und warm. – So liegt der kleine Bär ein Weilchen und ruht sich aus. Er ruht sich aus und fühlt die neue Kraft tief in sich wachsen.

In den See hinein ragt auf langen Pfeilern ein Holzsteg. Dort legen die Boote der Fischer an, wenn sie von ihrem Fang zurückkommen. Jetzt aber liegt er verlassen.

Nur das Kätzchen ist da. Am Ende des Steges liegt es, den Kopf zwischen die Vorderpfoten, und sonnt sich. Es lauscht den Wellen. Die Wellen sind niedrig und kaum zu hören. Aber wenn das Kätzchen die Ohren weit aufstellt, kann es ihr Rauschen doch hören.

Die Wellen sind ruhig. Ab und zu hört das Kätzchen einen Fisch, der hinaufschnellt, um nach Luft zu schnappen – oder nach einer blitzenden Libelle. Es klatscht leicht, wenn der Fisch ins Wasser zurückplumpst. Das Wellenrauschen geht darüber hinweg.

Das Kätzchen achtet auf seinen Atem. Auch der geht so ruhig und machtvoll wie die kleinen Wellen des Sees. Der Atem geht ein, der Atem geht aus. Niemand ist da, der ihm das sagen müsste, er geht von allein, immer wieder und immer wieder doch neu.

Das Kätzchen ist ganz ruhig. Es achtet nur auf die Wellen, auf die Wellen des Sees und die Wellen seines eigenen Atems.

Über dem See kreist ein Bussard. Sein hoher Schrei klingt wie aus einer anderen Welt. Ab und zu summt eine Fliege um die Ohren des Kätzchens. Ab und zu schnattern Enten im See. Sonst sind da nur die Wellen des Sees und die Wellen des Atems.

Plötzlich hört das Kätzchen noch ein anderes Geräusch. Die Planken des Stegs dröhnen und zittern. Das Kätzchen schrickt auf und dreht sich um. Ein Mensch kommt, mit Tasche und Angel in der Hand. Die Schritte seiner schweren Stiefel sind laut.

Das Kätzchen schaut sich rasch um – aber da ist nur Wasser, Wasser. Das Kätzchen duckt sich ganz tief und überlegt rasend schnell. Ins Wasser springen? Das Kätzchen schüttelt sich schnell. Aber sonst kann es nirgendwo ausweichen!

Der Mann bleibt kurz stehen, schaut etwas in seiner Tasche nach. Das Kätzchen hat Zeit. »Es sind schon oft Menschen an mir vorbeigegangen«, denkt es, »und keiner hat mir etwas getan. Nur weil ich nicht ausweichen kann, hab ich nun Angst. Aber ich muss doch gar nicht ausweichen!«

Und das Kätzchen geht auf den Mann und das Ufer zu. Der fingert noch immer an seiner Tasche herum. Das Kätzchen geht ganz ruhig. Es denkt an die ruhigen Wellen des Sees und es achtet auf seinen Atem. Es achtet darauf, wie die Luft in es hineinströmt – und wieder heraus, hinein – und heraus, ganz ruhig und gleichmäßig, ganz von allein. Das Kätzchen geht ganz sicher und leicht am Mann vorbei. Der schaut nicht einmal, fingert noch immer an seiner Tasche. Dann ist das Kätzchen am Ufer. Es schaut zurück und freut sich, wie gut es das doch gemacht hat. »Und morgen komm ich wieder hierher«, denkt es. Dann geht es langsam nach Hause.

Schon schleicht es durch den Spalt des Scheunentors. Es trippelt die Holzstiege zum Scheunenboden hinauf. Im Katzenlager zwischen den Heuballen sind alle versammelt. Die Geschwister schnurren ihm zu, die Mutter liegt ruhig da und schläft. Da merkt das Kätzchen, wie müde es ist. Still legt es sich hin und streckt seine Pfötchen von sich.

Da liegt das Kätzchen – ganz ruhig. Kannst du die Ruhe des Kätzchens spüren? Die Ruhe ist überall in ihm, ganz tief. – Schwer sind die Pfoten des Kätzchens, ganz schwer. Fühlst du, wie schwer seine Pfoten sind? Das Kätzchen ist schwer, ganz schwer. – Und warm sind die Pfoten des Kätzchens, schön warm. Fühlst du, wie warm sie sind? Die Wärme strömt durch seinen ganzen Körper. Das Kätzchen ist warm, schön warm. – Sein Atem geht ein und aus, ein und aus, ganz ruhig und gleichmäßig, ganz von allein. – Das Kätzchen ist ruhig, schwer und warm – ruhig, schwer und warm. – So liegt das Kätzchen ein Weilchen und ruht sich aus. Es ruht sich aus und fühlt die neue Kraft tief in sich wachsen.

▬ ▬ Jungbären an der Drachenhöhle

»Da geh ich nie wieder hin«, der Jungbär schüttelt sich. »Ich bin nur um ein Haar entwischt. Wenn ich nicht die Tatzen geschwungen hätte und gelaufen wäre, so schnell ich nur konnte, dann hätte er mich sicher gefressen. Ein Biss – und ich wäre weg gewesen!«

Die anderen stehen im Kreis um ihn herum und lauschen gebannt. Von der Feuersteinhöhle am Hang der Teufelsbachschlucht ist die Rede. Das ist jetzt schon der zweite Jungbär, der dort einen Drachen gesehen haben will. Unheimlich war es schon immer dort – aber ein Drache?

»Es war schon fast dunkel. Wie konntest du ihn dann so genau sehen?«, fragt einer der anderen Jungbären.

»Gesehen hab ich ihn nicht – nur seine Augen. Die leuchteten – wie die Lagerfeuer der Menschen, wenn von denen manchmal welche durch den Bärenwald ziehen. Wäre ich noch näher herangekommen, er hätte mich gefressen!«

Aber schon ist die Mittagspause zu Ende. Es geht weiter mit Fischen und Spurenlesen. Großvater Bär ruft die Jungbären zurück an den Teufelsbach und zeigt ihnen, welche Fische es gibt.

Stundenlang waten sie durch das strömende Wasser, drehen Steine um und versuchen, Forellen und Lachse zu fangen.

»Das war heute besonders anstrengend«, brummt Großvater Bär schließlich. »Wir machen deshalb ein bisschen früher Schluss! Geht ihr schon mal heim, ich komme später nach.«

Die Jungbären brummen froh, schütteln die nassen Pelze und machen sich auf den Weg nach Hause.

Einer hinter dem anderen trotten sie auf dem Steinpfad aus der Schlucht. Der kleine Bär ist der Jüngste und geht als letzter. Er setzt Tatze vor Tatze und denkt über das Fischen nach. Plötzlich merkt er, wie die anderen vor ihm unruhig werden. Dann bleiben sie stehen.

»Das ist aber nicht der Weg nach Hause«, meint ein Jungbär zu dem ganz vorn. »Wo führst du uns hin?«

»Na, ich dachte, wenn wir schon in der Gegend sind, können wir ja mal bei deinem Drachen vorbeischauen.«

»Da bringen mich keine zehn Menschen hin!«, sträubt sich der andere.

»Aber wer weiß«, brummt der Erste, »vielleicht hält der Drache ja gerade ein Schläfchen.«

»Und wenn nicht?«, fragt der andere.

»Jetzt können wir sehen, was wirklich an der Geschichte dran ist«, meint der älteste Jungbär.

Zufrieden sind sie nicht alle, aber sie gehen dennoch weiter, Tatze vor Tatze, immer vorsichtiger und vorsichtiger, bis sie den Höhleneingang sehen können. Am Findlingsfelsen neben dem Eingang bleiben sie stehen.

»Und jetzt?«, flüstert der Jungbär, der den Drachen gesehen hatte. »Weiter gehe ich nicht!«

»Kein Drache zu sehen«, brummt der älteste Jungbär und

schnuppert in der Luft. »Zu riechen ist auch nichts, zumindest kein Drache.«

»Er wird in seiner Höhle sein und ein Nickerchen halten«, meint ein Jungbär.

»Oder er wartet im Dunkeln darauf, dass sich jemand herantraut«, brummt ein anderer.

Die Jungbären sehen sich an.

Der kleine Bär hat gar nicht auf die letzten Reden geachtet. Er ist näher an die Höhle herangeschlichen, ganz vorsichtig, denn er hat dort etwas gesehen. Schritt für Schritt setzt er, achtet dabei auf die Höhle vor sich und auf seinen Atem, um ruhig zu bleiben. Hinter ihm sind die Stimmen verstummt. Die anderen Jungbären haben gemerkt, was der kleine Bär macht, und rühren sich nicht. Gebannt beobachten sie, was weiter geschieht.

Von der Seite schleicht sich der kleine Bär an den Höhleneingang heran. Immer näher und näher kommt er. Er ist ganz ruhig. Er hört seinen Atem gehen, ganz ruhig und gleichmäßig. Nur noch ein paar Schritte – dann stürmt er los. Vor ihm springt eine kleine Gestalt durch den Sand vor dem Höhleneingang. Er hat ihr den Rückzug abgeschnitten und treibt sie nun auf die anderen Jungbären zu. Sie ist blitzschnell. Als sie die anderen Bären sieht, ändert sie sofort ihre Richtung. Alle springen nun hinter ihr her. Aber am Hang der Schlucht findet sie zwischen Steinen einen Spalt und huscht schnell hinein.

Die Jungbären stehen atemlos um den Spalt herum. Einer nach dem anderen schnüffelt daran. »Der kann tief sein«, brummt der älteste Jungbär. »Vielleicht führt er sogar zur Höhle hinein.«

»Was war das jetzt?«, fragt ein anderer.

»Irgend so etwas wie eine Eidechse. Das sind ja auch kleine Drachen.« Die Jungbären lachen.

»Im Dunkeln haben die Augen geleuchtet, fast wie zwei Monde«, sagt der Jungbär verlegen, der einen Drachen gesehen haben wollte.

»Und weil nichts Genaues zu sehen war, sind sie dir viel größer vorgekommen«, meint der älteste Jungbär. »Deshalb: Alles bei Licht betrachten, sich nicht zu viel vorstellen! So sagt doch auch Großvater Bär.«

»Jedenfalls hat unser Jüngster das sehr gut gemacht«, brummt einer der Jungbären. Alle schauen zum kleinen Bären hin. Der wird ganz verlegen.

»Er hat erst geschaut – und dann sich getraut«, brummt der älteste Jungbär und streicht ihm über den Pelz. »Erst schauen – dann trauen, das ist doch auch einer von seinen Mutmach-Sprüchen«, brummt ein anderer Jungbär. Der kleine Bär sagt gar nichts dazu.

Die Jungbären machen sich wieder auf, zu ihrer eigenen Höhle im Wald. Bald sind sie angekommen. Brummend legen sie sich hin, dicht beieinander. Der kleine Bär streckt sich lang aus.

Da liegt der kleine Bär – ganz ruhig. Kannst du die Ruhe des kleinen Bären spüren? Die Ruhe ist überall in ihm, ganz tief. – Schwer sind die Tatzen des kleinen Bären, ganz schwer. Fühlst du, wie schwer seine Tatzen sind? Der kleine Bär ist schwer, ganz schwer. – Und warm sind die Tatzen des kleinen Bären, schön warm. Fühlst du, wie warm sie sind? Die Wärme strömt durch seinen ganzen Körper. Der kleine Bär ist warm, schön warm. – Sein Atem geht ein und aus, ein und aus, ganz ruhig und gleichmäßig, ganz von allein. – Der kleine Bär ist ruhig, schwer und warm – ruhig, schwer und warm. – So liegt der kleine Bär ein Weilchen und ruht sich aus. Er ruht sich aus und fühlt die neue Kraft tief in sich wachsen.

▬ ▬ Kätzchen schleicht über die Wiese

Der Tag ist warm und hell, das Kätzchen macht einen Spaziergang über die Wiese hinter der Scheune. Sonst ist es dort immer schnell hindurchgesprungen, denn die Welt ist so weit, da gibt es immer ein Stückchen weiter noch viel mehr zu sehen. Aber diesmal geht es sehr langsam, das Kätzchen, und achtet auf alles ganz genau.

Da ist das Gras unter den Pfoten. Das Kätzchen geht ganz langsam. Es empfindet jeden einzelnen Schritt. Es fühlt, wie jede Pfote aufsetzt und wie sie sich dann wieder hebt, zum nächsten Schritt. Vielleicht fühlst du auch, wie das Kätzchen den Boden berührt.

Das Kätzchen riecht den Duft des Grases, die Blumen und Blüten. Das Kätzchen bleibt stehen, um auf die vielen Gerüche zu achten.

Und dabei bemerkt es seinen Atem. Sein Atem geht ein und aus, ein und aus, ganz ruhig und gleichmäßig, ganz von allein.

Das Kätzchen hört all die Stille in sich und um sich.

Da singen wohl Vögel – doch sie stören die Stille nicht.

Da zirpen wohl Grillen – doch sie stören die Stille nicht.

Da bläst wohl ein Wind – doch er stört die Stille nicht.

Das Kätzchen hört ganz tief in sich hinein – und findet die Stille auch dort.

Da legt es sich unter den Apfelbaum. Es legt sich ganz bequem hin und schließt seine Augen. Still liegt es da und streckt seine Pfötchen von sich.

Da liegt das Kätzchen – ganz ruhig. Kannst du die Ruhe des Kätzchens spüren? Die Ruhe ist überall in ihm, ganz tief. – Schwer sind die Pfoten des Kätzchens, ganz schwer. Fühlst du, wie schwer seine Pfoten sind? Das Kätzchen ist schwer, ganz schwer. – Und warm sind die Pfoten des Kätzchens, schön warm. Fühlst du, wie warm sie sind? Die Wärme strömt durch seinen ganzen Körper. Das Kätzchen ist warm, schön warm. – Sein Atem geht ein und aus, ein und aus, ganz ruhig und gleichmäßig, ganz von allein. – Das Kätzchen ist ruhig, schwer und warm – ruhig, schwer und warm. – So liegt das Kätzchen ein Weilchen und ruht sich aus. Es ruht sich aus und fühlt die neue Kraft tief in sich wachsen.

▬ ▬ Kleiner Bär besteigt den Berg

Schon früh hat sich der kleine Bär aufgemacht. Er will auf den Gipfel des Berges steigen, der sich über dem Bärenwald erhebt.

Er geht nicht schnell, denn damit käme er nicht weit. Er würde schnell müde. Deshalb geht er ganz ruhig und gleichmäßig. Seine Füße gehen so, wie sein Atem geht, ganz von selbst, immer im eigenen Rhythmus. Der kleine Bär brummt im Takt seiner Schritte ein kleines Bärenlied vor sich hin.

Zuerst führt der Bergpfad durch einen Kiefernwald. Schattig ist es hier, fast dunkel. Der kleine Bär fühlt die Stille und Kraft der Kiefern um sich. Jetzt bleibt er sogar ein Weilchen stehen und schließt die Augen. Er schließt die Augen und achtet ganz auf die Stille und Kraft um sich.

Nach dem Wald läuft der Pfad über Hangwiesen. Kühe fressen vom fetten Gras. Kuhglocken bimmeln. Mengen von Blumen blühen. Schmetterlinge torkeln umher, als seien sie ganz verwirrt von all den Farben und dem süßen Duft. Der kleine Bär bleibt ein Weilchen stehen und schließt die Augen. Er schließt die Augen und achtet auf alles, was um ihn herum zu hören ist.

Bald sind die Wiesen zu Ende. Über Felsplatten, an riesigen Felsbrocken vorbei läuft der kleine Bär, seine Füße bewegen sich im Rhythmus des Atems. Höher und höher kommt er den Berg hinauf und setzt doch immer nur Schritt vor Schritt.

Der kleine Bär ist müde geworden. So achtet er ganz auf den Weg und auf seinen Atem. Bei jedem Ausatmen sagt sich der kleine Bär das Wort *Ruhe* ganz tief in sich hinein und bei jedem Einatmen das Wort *Kraft*. Sein Atem geht ganz von allein, und bei jedem Atemzug fühlt der kleine Bär die Ruhe und Kraft, die sein Atem ihm bringt.

Dann ist der Gipfel erreicht. Der kleine Bär ist erschöpft. Er legt sich hin, auf dem Gipfel des Berges, und schließt seine Augen.

Da liegt der kleine Bär – ganz ruhig. Kannst du die Ruhe des kleinen Bären spüren? Die Ruhe ist überall in ihm, ganz tief. – Schwer sind die Tatzen des kleinen Bären, ganz schwer. Fühlst du, wie schwer seine Tatzen sind? Der kleine Bär ist schwer, ganz schwer. – Und warm sind die Tatzen des kleinen Bären, schön warm. Fühlst du, wie warm sie sind? Die Wärme strömt durch seinen ganzen Körper. Der kleine Bär ist warm, schön warm. – Sein Atem geht ein und aus, ein und aus, ganz ruhig und gleichmäßig, ganz von allein. – Der kleine Bär ist ruhig, schwer und warm – ruhig, schwer und warm. – So liegt der kleine Bär ein Weilchen und ruht sich aus. Er ruht sich aus und fühlt die neue Kraft tief in sich wachsen.

Und bald steht er auf und schaut über das Land. Nach allen Seiten schaut er hinunter vom Berg auf den Bärenwald und auf all die anderen Länder, die unter ihm liegen.

(Einige Zeit lassen. Als Abschluss kann noch gesagt werden:
»Vielleicht siehst du auch, was er da alles sieht.« Anschließend
kann darüber geredet werden, was für ein Berg es war, was
beim Aufstieg besonders auffiel, ob der Aufstieg eher leicht oder
schwer war, was vom Gipfel aus alles gesehen wurde usw.)

■ ■ **Kätzchen lauscht am See den Wellen**

Zwei Enten am Schilf recken plötzlich die Hälse. Schilfvögel
rucken unruhig in ihren Nestern, schreien einmal – und liegen
dann ganz still. Die Enten schwimmen schnell hinaus auf den
offenen See. Einen Augenblick ist es ganz ruhig – dann raschelt
es im Schilf und das Kätzchen tritt heraus, auf die schöne Ufer-
stelle, wo es manchmal liegt.

Es steht ein Weilchen und schaut sich um. Da ist nur der
Wind im Schilf und der Wind über dem See. Ab und zu hört
es einen hellen Bussardruf aus dem Himmel. Und die Enten.

Dann legt es sich hin, das Kätzchen. Es legt sich ganz be-
quem hin und schließt seine Augen. Es schließt die Augen und
achtet auf alles um sich herum. Und es achtet auf sich. Es fühlt
sich ganz ruhig.

Es spürt die Schwere der Erde. Und es spürt seine eigene
Schwere. Seine Pfötchen sind schwer, schön schwer. Fühlst du,
wie schwer seine Pfötchen sind? Das ganze Kätzchen ist schwer,
schön schwer. Es fühlt die Schwere seines Leibes auf der Erde.

Es spürt die Wärme der Sonne auf seinem Fell. Und es spürt
die Wärme in sich. Seine Pfötchen sind warm, schön warm.
Fühlst du, wie warm seine Pfötchen sind? Das ganze Kätzchen
ist warm, schön warm. Es fühlt die Wärme der Sonne, die es
durchströmt.

Das Kätzchen hört die Wellen des Sees ans Ufer schlagen. Und die Wellen laufen wieder zurück, in den See. Hoch und nieder, hin und her.

Und das Kätzchen fühlt seinen Atem. Sein Atem geht hin und her, ein und aus, ganz von allein. Das Kätzchen spürt, wie es ruhiger wird. Es wird ruhiger und ruhiger, wenn es auf seinen Atem achtet. Es spürt die Ruhe in sich und die Schwere, die Wärme – und eine Leichtigkeit. So liegt es da und achtet genau auf die Stille. Es ruht sich aus und fühlt die neue Kraft tief in sich wachsen.

▬ ▬ Jungbären wollen Honig stehlen

Die Waldwiese liegt im warmen Licht. Vom Wald her singen Vögel. Hier aber rauscht nur der Wind, wenn er über die langen Halme streicht. Ein paar junge Bären liegen neben dem Holunderbusch und dösen vor sich hin. Der kleine Bär ist nicht dabei. Der untersucht gerade am Wiesenrand mit seiner Nase eine blaue Blume. Wie sie duftet! Der kleine Bär schließt seine Augen und achtet nur auf den Duft.

Da schwirrt ihm plötzlich etwas um die Ohren. An seiner Nase summt es vorbei – und ist ganz still. Der kleine Bär öffnet die Augen und sieht eine braune Biene im Blumenkelch. Irgendetwas macht sie dort, er kann es nicht erkennen. Dann fliegt sie auf. Ihre Flügel gehen so schnell, dass sie kaum mehr zu sehen sind. Der kleine Bär bemerkt nun die goldgelben Strümpfe der Biene. »Das sind Blütenpollen«, fällt ihm ein, denn Großvater Bär hat es ihm bei ihrem letzten Streifzug genau erklärt. Die Biene fliegt ganz niedrig und langsam, als sei ihre Last fast zu schwer. Der kleine Bär kann ihr folgen.

Hurtig poltern seine Beine über das Gras. Am Waldrand geht es durchs Schlehengebüsch. Am anderen Ende zupft sich der kleine Bär erst einmal ein paar abgebrochene Zweige und reichlich Dornen aus seinem Pelz. Dann schaut er sich um: Wo ist die Biene? Da! – nein, da! Überall scheinen plötzlich Bienen zu sein. Der kleine Bär steht ganz still. Er achtet ganz genau darauf, was geschieht. Dort, zum hohlen Baum hin schwärmen die Bienen, durch einen Spalt in den Stamm hinein, und wieder heraus. Von überall her kommen die Bienen und in alle Richtungen schwärmen sie aus.

Der kleine Bär läuft auf die Wiese zurück, zu den anderen. Mit der Schnauze stößt er sie an: »Ich hab ein Bienennest entdeckt, ich hab ein Bienennest entdeckt!«, ruft er. Die anderen wischen sich den Schlaf aus den Augen, brummen einmal – und machen sich auf.

Um die Schlehen machen sie einen weiten Bogen, aber bald stehen sie trotzdem beim hohlen Baum. Den jungen Bären läuft das Wasser im Munde zusammen. Sie mögen doch Honig so gern! Einer kann sich gar nicht mehr beherrschen und stürzt hin. Mit der Pranke greift er durch den Spalt in den hohlen Baum hinein, um sich Honig zu ergattern. Zwei andere springen hinzu. Aber den Bienen gefällt das überhaupt nicht. Sie verteidigen ihre Waben. Sie stürzen sich auf die jungen Bären und stechen ihnen tüchtig in den Pelz.

Anfangs nehmen die das noch hin, aber dann wird es doch zu viel. Erst schlagen sie nach den schwirrenden Bienen, dann brüllen sie laut, schließlich stürzen sie eilig davon. Die Bienen verfolgen sie. So geht es hinein in den Wald.

Der kleine Bär hat sich klug zurückgehalten. Nun trottet er gemächlich hinterher. An den Schreien kann er gut erkennen, wohin die anderen rennen. Nach einer Weile kommt er bei ihnen an. Die jungen Bären liegen im Bach, da, wo ein Biber ihn aufgestaut hat. Sie kühlen sich die zerstochenen Glieder und zupfen letzte Bienen aus ihrem Pelz.

Der kleine Bär setzt sich ans Ufer und legt sich hin. Nach einer Weile steigen auch die anderen aus dem Wasser heraus, denn die Bienen sind schon lange wieder weggeflogen. Die Bären legen sich hin. Sie schließen die Augen. Es ist ganz ruhig.

Da liegt der kleine Bär – ganz ruhig. Kannst du die Ruhe des kleinen Bären spüren? Die Ruhe ist überall in ihm, ganz tief. – Schwer sind die Tatzen des kleinen Bären, ganz schwer. Fühlst du, wie schwer seine Tatzen sind? Der kleine Bär ist schwer, ganz schwer. – Und warm sind die Tatzen des kleinen Bären, schön warm. Fühlst du, wie warm sie sind? Die Wärme strömt durch seinen ganzen Körper. Der kleine Bär ist warm, schön warm. – Sein Atem geht ein und aus, ein und aus, ganz ruhig und gleichmäßig, ganz von allein. – Der kleine Bär ist ruhig, schwer und warm – ruhig, schwer und warm. – So liegt der kleine Bär ein Weilchen und ruht sich aus. Er ruht sich aus und fühlt die neue Kraft tief in sich wachsen.

■ ■ **Kätzchen will nach Lübeck wandern**

Lang schon hat das Kätzchen daran gedacht und es doch immer wieder gelassen. Aber an diesem Morgen spannt sich der Himmel so offen und blau über die Welt, da kann es gar nicht mehr anders als wandern. Und so macht es sich auf, um nach Lübeck zu gehen, der alten Hansestadt, deren Schiffe ausfuhren in alle Länder, um Handel zu treiben. Und mit Schätzen beladen, kamen sie wieder zurück. Das hat das Kätzchen den Müllerkindern

abgelauscht. Die mussten in der Schule eine Arbeit über die
Hanse schreiben und haben sich deshalb darüber unterhalten.
Was eine »Hanse« ist, hat das Kätzchen nicht ganz verstanden,
aber dass Lübeck eine Stadt ist, das hat es behalten.

Und so macht sich das Kätzchen auf an den See. Dann geht
es am Ufer entlang. Denn Lübeck soll auch an der See liegen,
haben die Müllerkinder gemeint, wahrscheinlich irgendwo weiter da hinten, jenseits der Schilfwälder, wo das Kätzchen noch
niemals war.

An der Bootsanlegestelle kommt es vorbei – und hält kurz
inne. Der Angler steht darauf, mit dem sich das Kätzchen angefreundet hat. Nun hat er das Kätzchen gesehen und winkt
ihm zu. Aber es will ja nach Lübeck! Deshalb miaut es nur kurz
und springt weiter.

Morgentau liegt auf den Gräsern, die Sonne blitzt überall
auf. »Wie kann die *eine* Sonne nur gleichzeitig in all diesen
Tautropfen sein?«, fragt sich das Kätzchen.

Da wäre es fast über die Enten gestolpert, die am Seeufer dösen. Mit lauten Schreien springen sie auf. Schnäbel
schwingen scharf durch die Luft, Flügel flattern, halb fliegen,
halb laufen die Enten das Stückchen zum See. Das Wasser
spritzt auf, als sie hineinstürzen. Gleich werden sie ruhig und
schwimmen davon.

Das Kätzchen steht still. Das war ein Schreck! Es schaut den
Enten nach und achtet auf seinen Atem, um wieder ruhiger zu
werden. Dann schüttelt es sich einmal und schleicht weiter.

Unter einem Holzzaun drückt es sich durch. Am See steht
ein alter Holzschuppen, halb zugewachsen vom Schilf. Ob das
wohl Lübeck ist? Das Kätzchen schleicht vorsichtig näher. Es
duckt sich und achtet auf jede Bewegung. Es achtet auch auf

seinen eigenen Atem, um ruhig zu bleiben. Bretter liegen herum, auch ein paar alte Fässer stehen unter einem löchrigen Welldach am Schuppen. Kein Mensch ist zu sehen – und keine Schiffe. Nur ein leerer Anlegesteg. Lübeck kann das nicht sein. Das Kätzchen springt weiter.

Hinter dem Schilf kommen Wiesen. Kühe weiden dort bis an den See. Vor dem Gatter bleibt das Kätzchen stehen. »Die Kühe sind so groß, und es sind viele! Sie könnten einen zertrampeln«, denkt das Kätzchen!

Das Kätzchen steht am Gatter und schaut sich die Kühe an. Es merkt, dass sie sich ganz langsam bewegen. Sie fressen fast die ganze Zeit. Und sie fressen nur Gras. »Was groß ist, das ist meistens langsam«, überlegt sich das Kätzchen. »Ich bin wahrscheinlich viel schneller.«

Das Kätzchen ist schon viel ruhiger. Es achtet auf seinen Atem und merkt plötzlich, dass Kühe richtig gemütlich sind. Es geht unter dem Gatter hindurch. Erst schaut es noch ganz vorsichtig, was die Kühe nun machen. Immer ist es bereit, schnell wieder zurückzuspringen. Aber die Kühe achten gar nicht auf es. Eine hat sich sogar hingelegt und kaut nur noch. Nun legt sich auch eine zweite hin.

Das Kätzchen geht weiter. Bald hat es die Kühe völlig vergessen. Erst ein neuer Gatterzaun erinnert es an sie. Es schaut zurück. Die Kühe sind immer noch unter den Bäumen und fressen.

Dann kommt wieder das Schilf. Vögel schreien in verborgenen Nestern. Wind streicht durch das Gewirr von Rohren und bläst eine seltsame Melodie. Einmal stürzt ein Vogel vom Himmel hinein in den See und greift einen Fisch. Dann erhebt er sich mit schweren Flügelschlägen wieder in die Lüfte und

flattert davon. Das Kätzchen hat sich ganz an die Erde gepresst.
Es rührt sich nicht, es achtet nur auf seinen Atem und schaut
gebannt zu. Erst nach einer ganzen Weile erhebt es sich und
läuft weiter.

Das Schilf zieht sich fast endlos hin. Das Kätzchen ist schon
recht müde geworden und eine Pfote ist wund. Es überlegt, ob
es eine Pause machen oder bis Lübeck durchhalten soll. Da
sieht es am Seeufer wieder einen Anlegesteg. Sein Freund, der
Angler steht darauf und kramt gerade in seiner Tasche. Das
Kätzchen steht ganz starr. Es schließt die Augen und öffnet sie
wieder. Der Angler hat das Kätzchen gesehen und winkt ihm
zu. Es ist tatsächlich sein Freund, derselbe wie vorhin. Das
Kätzchen kratzt sich hinter dem Ohr. Es ist im Kreis gelaufen,
rund um den See. Und Lübeck hat es nirgends gefunden. Es
schüttelt den Kopf.

Das Kätzchen schleicht das Stück bis zur Scheune nach Hause. Das Scheunentor steht weit offen. Das Kätzchen schleicht sich
hinein und trippelt die Holzstiege zum Scheunenboden hinauf.
Im Katzenlager sind alle versammelt. Die Geschwister schnurren
ihm zu, die Mutter liegt da und leckt sich den Pelz. Da merkt
das Kätzchen, wie müde es ist. Still legt es sich hin und streckt
seine Pfoten von sich.

Da liegt das Kätzchen – ganz ruhig. Kannst du die Ruhe
des Kätzchens spüren? Die Ruhe ist überall in ihm, ganz tief. –
Schwer sind die Pfoten des Kätzchens, ganz schwer. Fühlst du,
wie schwer seine Pfoten sind? Das Kätzchen ist schwer, ganz
schwer. – Und warm sind die Pfoten des Kätzchens, schön warm.
Fühlst du, wie warm sie sind? Die Wärme strömt durch seinen
ganzen Körper. Das Kätzchen ist warm, schön warm. – Sein
Atem geht ein und aus, ein und aus, ganz ruhig und gleichmäßig,

*ganz von allein. – Das Kätzchen ist ruhig, schwer und warm –
ruhig, schwer und warm. – So liegt das Kätzchen ein Weilchen
und ruht sich aus. Es ruht sich aus und fühlt die neue Kraft tief
in sich wachsen.*

■ ■ **Der kleine Frechdachs**

Der kleine Dachs ist unterwegs durch den Bärenwald. Auf
kurzen Beinen schleicht er durch das Unterholz. Erschreckt
flieht ein Fasan, die langen Federn schleifen rasch nach. Kaum
hat er freien Raum gewonnen, fliegt er auf und bringt sich in
Sicherheit. »So ein kleiner Frechdachs«, schimpft er dabei.

Der junge Dachs hat davon kaum etwas bemerkt, nur einen
Wirbel von Federn. Jetzt schwimmt er schon durch den Wassergraben, der vor der Waldwiese liegt. Als er wieder an Land
steigt, schüttelt er sich. Dass Wasser so nass sein kann!

Aber was rührt sich da im Gras neben dem Schlehenbusch?
Zwei braune Flecken tollen umher. Plötzlich flattert ein Schmetterling dem jungen Dachs gerade vor das Gesicht. Der schüttelt
sich ärgerlich und niest einmal laut. Der Schmetterling torkelt
auf die Wiese hinaus. »Dem hab ich's aber gezeigt!«, denkt der
junge Dachs stolz. Dann schaut er wieder zum Schlehenbusch.

Die beiden braunen Flecken sind still geworden. Sie liegen
ganz ruhig im Gras. Der junge Dachs wartet ein Weilchen. Als
sich nichts regt, schleicht er sich vorsichtig an. Immer näher
kommt er, bis er dicht vor dem Schlehenbusch liegt, verborgen
vom langen Gras.

Die braunen Flecken sind zwei junge Bären. Die haben miteinander herumgetollt, nun liegen sie still und ruhen sich aus.
Der junge Dachs ist viel kleiner als so ein Jungbär. Aber frech

ist er! So schleicht er sich ganz nahe an einen der Bären heran und zieht ihn an seinem kurzen Schwanz. Der kleine Bär brüllt laut und wendet sich um. Schnell lässt der Dachs los und jagt zurück in den schützenden Wald.

»So ein kleiner Frechdachs!«, brummt der Bär hinter ihm her.

»Wieder etwas gelernt«, zischt der junge Dachs vor sich hin und lacht: »Junge Bären sind sehr empfindlich.« Von seinem Abenteuer ist er müde geworden und schleicht zurück zum Dachsbau.

Im Kessel tief unter der Erde sind sie versammelt. Die Mutter ist da und zwei Geschwister. Still legt der junge Dachs sich hin und streckt seine Pfoten von sich.

Da liegt der kleine Dachs – ganz ruhig. Kannst du die Ruhe des kleinen Dachses spüren? Die Ruhe ist überall in ihm, ganz tief. – Schwer sind die Pfötchen des kleinen Dachses, ganz schwer. Fühlst du, wie schwer seine Pfötchen sind? Der kleine Dachs ist schwer, ganz schwer. – Und warm sind die Pfötchen des kleinen Dachses, schön warm. Fühlst du, wie warm sie sind? Die Wärme strömt durch seinen ganzen Körper. Der kleine Dachs ist warm, schön warm. – Sein Atem geht ein und aus, ein und aus, ganz ruhig und gleichmäßig, ganz von allein. – Der kleine Dachs ist ruhig, schwer und warm – ruhig, schwer und warm. – So liegt der kleine Dachs ein Weilchen und ruht sich aus. Er ruht sich aus und fühlt die neue Kraft tief in sich wachsen.

Das Kätzchen ist unterwegs auf dem Feldweg. Da gibt es Steine, Steine, Staub, Staub und Büschel von Gras zwischen den Traktorspuren. Das Kätzchen setzt Schritt vor Schritt und achtet auf alles, was um es herum geschieht.

Da ist der Wind, der über die Kornfelder streicht. Die kleinen Geräusche, wenn schwere Ähren zusammenstoßen, die mag das Kätzchen besonders.

Da ist die Lerche. Irgendwo oben am Himmel fliegt sie. Unermüdlich bewegen sich die kleinen Flügel. Das Kätzchen schaut nicht hinauf, es achtet nur auf den Gesang, der geht auf und nieder, wie der Wind geht, oder der Atem, immer gleich und immer wieder doch neu.

Da sind die roten Flecken von Klatschmohn am Rande der Felder. Ab und zu steht eine blaue Kornblume dazwischen. Kamille aber mag das Kätzchen am liebsten, sie duftet so gut. Letzten Sommer ist das Kätzchen manchmal mit den Kindern hinausgegangen, wenn sie Kamille gesammelt haben. Die haben sie dann zum Trocknen ausgelegt, neben der Scheune. Und aus der Kamille haben sie dann etwas gemacht, das sie »Tee« nennen, etwas wie Wasser – aber ganz heiß! Das Kätzchen hat nur einmal daran geschleckt – und nie wieder! Es mag Milch lieber. Den Duft der Kamille auf freiem Feld aber hat es gern.

Um die Vogelscheuche auf dem Acker macht das Kätzchen einen Bogen – und läuft schneller. Das grelle Blitzen der Sonne in ihren Silberstreifen mag es nicht. Und die Vogelscheuche sieht auch recht grausig aus, mit diesem zerfledderten Hut und diesen Lumpen.

Dann schleicht das Kätzchen wieder langsam wie vorher –

und bleibt ganz stehen. Es schaut und schaut, es duckt sich – und schleicht ganz vorsichtig weiter. Noch eine Tatze vorwärts, die nächste, und wieder … Neben der Pfütze, in der tief eingefahrenen Traktorspur des Feldwegs, hockt eine seltsame kleine Gestalt. Plump und unförmig sieht sie aus, grünlich-braun, mit fetten Hinterbeinen, auf denen sie sitzt, und kleinen Vorderbeinen, die sie abstützen. Der Kopf ist ganz breit, das muss er auch sein, sonst passte dieses breite Maul nicht hinein.

»Was für ein Ungeheuer!«, denkt sich das Kätzchen. »Zum Glück ein ganz kleines.« Und es schleicht noch näher heran.

Da macht dieses Ding plötzlich einen Satz durch die Luft und verschwindet mit einem Plumpser in der Pfütze. Wellenkreise ziehen und schwappen über Steine am Pfützenrand.

»Ein Glück«, denkt sich das Kätzchen und läuft schnell an der Pfütze vorbei, »denn bei Ungeheuern weiß man ja nie. Auch nicht bei kleinen.«

»Ein Glück«, denkt sich der Frosch. »Es ist doch gut, dass ich so klug bin. Wenn dieses riesige Biest noch näher gekommen wäre, dann hätten wir uns womöglich prügeln müssen. Ich dachte schon, das säuft mir die Pfütze aus.« Der Frosch schließt die Augen und lässt sich vom Wasser umspülen.

Das Kätzchen aber ist schon wieder zu Hause angekommen. Es läuft in die Scheune und trippelt die Holzstiege zum Scheunenboden hinauf. Im Katzenlager legt es sich hin. Still streckt es sich aus.

Da liegt das Kätzchen – ganz ruhig. Kannst du die Ruhe des Kätzchens spüren? Die Ruhe ist überall in ihm, ganz tief. – Schwer sind die Pfoten des Kätzchens, ganz schwer. Fühlst du, wie schwer seine Pfoten sind? Das Kätzchen ist schwer, ganz schwer. – Und warm sind die Pfoten des Kätzchens, schön warm.

Fühlst du, wie warm sie sind? Die Wärme strömt durch seinen ganzen Körper. Das Kätzchen ist warm, schön warm. – Sein Atem geht ein und aus, ein und aus, ganz ruhig und gleichmäßig, ganz von allein. – Das Kätzchen ist ruhig, schwer und warm – ruhig, schwer und warm. – So liegt das Kätzchen ein Weilchen und ruht sich aus. Es ruht sich aus und fühlt die neue Kraft tief in sich wachsen.

▬ ▬ Kleiner Bär im Zugabteil

»Schau mal, ein lebendiger Teddy!« Das Mädchen zeigt mit einem Finger zum Einstieg des Eisenbahnwagens und schaut zu seiner Mutter hoch. »Das, das …«, die Mutter zupft das Bändchen am Pferdeschwanz ihrer Tochter zurecht und meint dann endgültig: »Das ist kein Teddy, das ist ein richtiger Bär, ein ganz kleiner. Wahrscheinlich gehört er jemandem im Zug!« Der kleine Bär, der gerade mit viel Mühe die hohen Stufen des Eisenbahnwagens hinaufgestiegen ist, brummt nun dazu. »Ich gehöre niemandem«, würden die Leute verstehen, wenn sie genau hinhörten und ein wenig von der Bärensprache wüssten. Die Leute schauen zwar alle zum Eingang des Wagenabteils, dorthin, wo der kleine Bär steht. Sie schauen so aufmerksam, fast könnte man sagen, sie schauten doppelt. Aber hinhören, nein, das tun sie nicht. Sie hören lieber sich selbst.

»Tatsächlich, ein kleiner Bär, wie empörend!«, zischt eine alte Frau und greift sich an ihre Brille. »Vielleicht ist er aus einem Zirkus davongelaufen«, meint ihre Nachbarin. Ein Herr im Anzug legt seine Zeitung weg und sagt: »Man müsste ihn einfangen.« Als der kleine Bär das hört, brummt er ihn an, und der Herr schlägt schnell wieder seine Zeitung auf. »Ob der wohl eine Fahrkarte hat?«, fragt ein Mädchen seine Mutter. »Woher soll denn die Frau das wissen«, brummt der kleine Bär, »warum fragst du nicht mich?« Aber das Mädchen drückt sich nur enger an seine Mutter.

Nein, eine Fahrkarte hat er nicht, der kleine Bär. Er braucht auch keine, denn er will gar nicht fortfahren, er will nur mal schauen, was das denn ist, das immer an seinem Wald vorbeifährt und pfeift und pfeift, bevor es im Tunnel verschwindet. Und so ist er in die Stadt gelaufen, bis auf den Bahnhof. Lang hat er den Zügen zugeschaut, wie sie einfahren, wie Menschen aus ihrem Innern quellen, wie andere einsteigen und abfahren. Manche Züge, die stehen ein ganzes Weilchen auf ihrem Gleis, bis es losgeht. Der kleine Bär hat gut aufgepasst und er weiß, das ist so einer, dieser Zug auf Gleis 6, der steht noch ein Weilchen hier. Die Lichter in seinem Innern sind noch nicht an, obwohl es schon dämmerig ist, die Motoren sind aus, der Schaffner mit seiner Trillerpfeife ist nirgends zu sehen, dieser Zug fährt noch lange nicht ab. Und so ist er eingestiegen, der kleine Bär, einfach so, um zu sehen, wie es drinnen wohl aussieht.

»Gar nichts Besonderes«, brummt er nun. Da sind Sitze und Menschen, nichts weiter, und der Boden, die Wände, das Dach natürlich und eine Ablage für all diese Koffer, die die Menschen immer mit sich herumschleppen. Der kleine Bär trottet langsam den Gang zwischen den Sitzen hinab. Immer zwei Sitze sind es, zwei links, zwei rechts, dann kommt schon die nächste Reihe.

»Eng ist es in dieser Höhle«, denkt sich der kleine Bär. »Bei uns zu Hause ist mehr Platz!« Langsam trottet er durch den Gang und schaut in jeder Reihe nach links und nach rechts, ob er vielleicht irgendwo ein paar Bären entdecken kann. Aber überall nur diese Menschen! Am besten gefallen ihm noch die Kinder.

Da, dieser Junge mit dem blauen Hemd! Aber warum drückt er sich in die hinterste Ecke seiner Bank? Und dieses Mädchen, warum nur hält es die Hand vor den Mund? Der kleine Bär brummt das Mädchen freundlich an, aber es versteckt sich schnell hinter der Mutter. Und die beiden Schulkinder: Warum schauen sie weg, wenn ich komme?

Die Menschen hat er noch nie verstanden, der kleine Bär. Wahrscheinlich verstehen sie sich nicht einmal selbst richtig. Da ist auch schon das Ende des Wagens. Aber die Tür, hier ist sie zu. Der kleine Bär kratzt daran, doch aufbekommen kann er sie nicht. Da springt plötzlich der Junge von vorhin auf und öffnet die Tür. Der kleine Bär schaut ihn an und brummt einmal freundlich, dann steigt er die Stufen hinunter ins Freie.

Vom Bahnsteig aus schaut er noch einmal zurück: Alle hängen sie nun an den Fenstern, alle Menschen im Wagen, die von den linken und die von den rechten Sitzen. Sogar die alte Frau und der Mann mit der Zeitung sind dabei. Sie lachen und reden miteinander, und alle schauen sie hinunter zu ihm, hinunter zum kleinen Bären. Der brummt noch einmal freundlich hinauf und macht sich dann auf den Heimweg.

Ein ganzes Stück ist er schon gegangen, da pfeift es plötzlich. Der Zug fährt an ihm vorbei. An allen Fenstern stehen die Menschen und lachen und winken ihm zu. Dann verschwinden die Wagen im Tunnel. Der kleine Bär brummt, dann trottet er weiter.

Bald ist er wieder in seiner Höhle angekommen. Niemand ist da. Der kleine Bär streckt sich lang aus.

Da liegt der kleine Bär – ganz ruhig. Kannst du die Ruhe des kleinen Bären spüren? Die Ruhe ist überall in ihm, ganz tief. – Schwer sind die Tatzen des kleinen Bären, ganz schwer. Fühlst du, wie schwer seine Tatzen sind? Der kleine Bär ist schwer, ganz schwer. – Und warm sind die Tatzen des kleinen Bären, schön warm. Fühlst du, wie warm sie sind? Die Wärme strömt durch seinen ganzen Körper. Der kleine Bär ist warm, schön warm. – Sein Atem geht ein und aus, ein und aus, ganz ruhig und gleichmäßig, ganz von allein. – Der kleine Bär ist ruhig, schwer und warm – ruhig, schwer und warm. – So liegt der kleine Bär ein Weilchen und ruht sich aus. Er ruht sich aus und fühlt die neue Kraft tief in sich wachsen.

■ ■ ■ **Kätzchen fährt aus**

Das Kätzchen hat es sich in der Scheune gemütlich gemacht. Auf dem Traktoranhänger liegt es, auf dem Heu, das dort nach dem Abladen übrig geblieben ist. Es hat sich ganz zusammengekuschelt und schläft.

Im Traum sitzt es vor einem Mausloch und schaut einer Mäusehochzeit zu. Gerade sind Braut und Bräutigam in der Kürbiskutsche angekommen. Die Heuschrecken, die sie gezogen haben, verbeugen sich tief. Marienkäfer streuen Blütenblätter über ihren Weg. Links und rechts stehen Mäuse, große und kleine, sie klatschen und jubeln. Das Hochzeitspaar verschwindet im Mausloch, die Gäste strömen hinterher. Drinnen wird gefeiert. Die Mäuse singen ein Hochzeitslied.

>»Mäusedame, Mäusemann,
> fasst euch mit den Pfötchen an.
> Grillen sollen musizieren,
> tanzt dazu, auf allen Vieren,

schwingt herum, und auf und ab.
Käse werd euch niemals knapp,
knapp werd niemals euch der Speck.
Kommt die Katze, seid ihr weg!«

Aber dann gibt es drinnen wohl Streit, die Gäste schreien aufeinander ein, sie johlen und buhen, dann prügeln sie sich, dass die Erde wackelt.

Oh, was ist das? Das Kätzchen schreckt auf. Die Erde wackelt tatsächlich! Das Kätzchen ist noch halb im Traum und weiß gar nicht, wie ihm geschieht. Der Boden unter ihm bewegt sich. Da ist das Scheunentor. Jemand hat es geöffnet. Der Traktor rattert mit dem Anhänger und dem Kätzchen hinaus auf den Hof.

Das Kätzchen ist aufgesprungen. Es spürt, wie sein Herz rast. Es will abspringen, aber es kann sich nicht rühren. Es will irgendetwas tun, doch es weiß nicht, was. Der Traktor fährt aus dem Hof und auf den Feldweg. Das ist ein Geratter! Das Kätzchen kann kaum stehen.

Da fällt ihm ein, dass es einen fahrenden Traktor mit Anhänger schon oft gesehen hat. Das sah ganz lustig aus. Und ganz harmlos. Nun fährt es eben selbst mit.

Das Kätzchen sagt sich, dass ihm gar nichts passieren kann. Es muss nur ruhiger werden. Und so achtet es auf seinen Atem. Es achtet auf seinen Atem, ohne ihn verändern zu wollen. Es achtet darauf, wie der Atem in es hineinströmt – und wieder heraus, hinein und heraus, ganz ruhig und gleichmäßig, ganz von allein. Das Geratter ist immer noch gleich. Aber das Kätzchen merkt, wie es ruhiger wird.

Es schaut zum Himmel hinauf und achtet auf die Wolken. Sie ziehen ruhig ihre Bahnen. Es achtet darauf, wie sich die

Gestalt der Wolken langsam verändert. Und ab und zu achtet es wieder auf seinen Atem. Der geht so ruhig, wie die Wolken ziehen. Die Wolken ziehen so ruhig wie sein Atem.

Dann hält der Traktor. Der Motor rattert kurz weiter. Doch dann hört auch das auf. Das Kätzchen spitzt die Ohren und überlegt, was jetzt wohl passieren wird. Da, ein Geräusch! Die Ladeklappe hinten wird heruntergelassen. Da ist der Bauer und macht ein überraschtes Gesicht. »Nanu, das Kätzchen«, sagt er. »Wolltest wohl ein bisschen mitfahren?«

Das Kätzchen läuft schnell zur Ladeklappe. Es schnurrt dem Bauern zu. Der streichelt ihm über das Fell. Dann springt es hinab auf die Wiese. Es schüttelt sich einmal und dreht sich um. Dann macht es sich auf, den Feldweg hinunter, nach Hause.

Das Scheunentor steht weit offen. Das Kätzchen springt hinein und trippelt die Holzstiege zum Scheunenboden hinauf. Im Katzenlager sind nur zwei Geschwister zu finden. Sie schlafen. Da merkt das Kätzchen, wie müde es ist. Still legt es sich hin und streckt seine Pfoten von sich.

Da liegt das Kätzchen – ganz ruhig. Kannst du die Ruhe des Kätzchens spüren? Die Ruhe ist überall in ihm, ganz tief. – Schwer sind die Pfoten des Kätzchens, ganz schwer. Fühlst du, wie schwer seine Pfoten sind? Das Kätzchen ist schwer, ganz schwer. – Und warm sind die Pfoten des Kätzchens, schön warm. Fühlst du, wie warm sie sind? Die Wärme strömt durch seinen ganzen Körper. Das Kätzchen ist warm, schön warm. – Sein Atem geht ein und aus, ein und aus, ganz ruhig und gleichmäßig, ganz von allein. – Das Kätzchen ist ruhig, schwer und warm – ruhig, schwer und warm. – So liegt das Kätzchen ein Weilchen und ruht sich aus. Es ruht sich aus und fühlt die neue Kraft tief in sich wachsen.

Über dem Fluss liegt Nebel. Nebel wogt auch über die Wiesen am Ufer und um die mächtigen Pappeln. Von irgendwo her klingt das Geschnatter einer Ente. Wo die Sonne am Himmel stehen muss, glüht ein verschwommener Fleck. Still ist es, still.

Da, eine Bewegung im Nebel! Etwas kommt näher. Das Kätzchen ist es, da löst es sich aus dem treibenden Weiß. Sein Atem geht schwer.

»Mit Mut geht's gut«, sagt sich das Kätzchen. Denn die Weiden am Flussufer, sehen sie nicht aus wie lauernde Kobolde? Wenn der Wind durch sie fährt und sie durchschauert, wenn dann noch ein Glucksen vom Fluss zu hören ist oder das Knarren der Pappeläste ...

»Mit Mut geht's gut«, sagt sich das Kätzchen. Und da atmet es plötzlich ganz leicht. »Mit Mut geht's gut«, sagt es sich selbst und freut sich, dass es allein im Nebel laufen kann.

»Ich kann, was ich will«, denkt sich das Kätzchen. Der Nebel ist ihm Freund und auch die Weiden. Das glucksende Wasser ist ihm Freund und die Silberpappeln am Fluss. Und der Wind noch dazu. Die Welt ist schön, wie verzaubert. »Ich kann, was ich will«, denkt sich das Kätzchen.

Auf der Böschung über den Flusswiesen wird es schnell heller. Der Nebel löst sich auf. Das Kätzchen bleibt stehen. Es blinzelt ins Licht. Es streckt sich, es reckt sich. Es schüttelt sich einmal. Vom Fluss her tönt wieder das Entengeschnatter. Das Kätzchen bewegt kaum den Kopf. Da steht es im warmen Sonnenschein und lässt sich das nebelfeuchte Fell trocknen.

Die vielen Geräusche! Überall lebt es. Das Kätzchen fühlt sich so wohl inmitten der großen Welt. Die vielen Stimmen der

Freunde, der Grillen, der Enten, der Lerche am Himmel, die Stimmen des Flusses, des Windes in den Weiden am Ufer, in den Silberpappeln ...

So steht das Kätzchen ein Weilchen mit geschlossenen Augen. Es spürt seinen Atem und in seinem Atem die Ruhe und Kraft. Dann geht es weiter, nach Hause.

Bald ist das Kätzchen wieder an seiner Scheune angekommen. Es schlüpft durch das Scheunentor und trippelt die Holzstiege hinauf. Im Katzenlager sind alle versammelt. Die Eltern sind da und alle seine Geschwister. Da liegen sie schläfrig und schnurren. Das Kätzchen überlegt, ob es ihnen gleich seine Geschichte erzählen soll, vom Fluss und vom Nebel. Da merkt es, wie müde es ist. Still legt es sich hin. Es legt sich hin und streckt seine Pfoten aus.

Da liegt das Kätzchen – ganz ruhig. Kannst du die Ruhe des Kätzchens spüren? Die Ruhe ist überall in ihm, ganz tief. – Schwer sind die Pfoten des Kätzchens, ganz schwer. Fühlst du, wie schwer seine Pfoten sind? Das Kätzchen ist schwer, ganz schwer. – Und warm sind die Pfoten des Kätzchens, schön warm. Fühlst du, wie warm sie sind? Die Wärme strömt durch seinen ganzen Körper. Das Kätzchen ist warm, schön warm. – Sein Atem geht ein und aus, ein und aus, ganz ruhig und gleichmäßig, ganz von allein. – Das Kätzchen ist ruhig, schwer und warm – ruhig, schwer und warm. – So liegt das Kätzchen ein Weilchen und ruht sich aus. Es ruht sich aus und fühlt die neue Kraft tief in sich wachsen.

■ ■ **Literatur**

ESSAU, C. A. (2003): Angst bei Kindern und Jugendlichen.
München.

FRIEBEL, V. (2014): Traumreisen für Kinder. Münster.

FRIEBEL, V. (2014): Trance-Geschichten für Kinder – Ruhe
und Kraft, Mut, Selbstbeherrschung, Leichtigkeit und Freude, Konzentration, Schlaf: Sechs thematische Sammlungen.
Tübingen.

FRIEBEL, V. (2015): Kinder entdecken Ruhe und Langsam-
keit. Spielerisch fördern wir Genauigkeit, Konzentration
und Kreativität. Tübingen.

FRIEBEL, V. (2015): Geschichten, die Kinder entspannen
lassen. Spielerisch Ausgeglichenheit und Konzentration
fördern. Tübingen.

ITZE, U. (2007): Kinderängsten in der Grundschule begegnen.
Durch Symbole mit der Angst leben. Baltmannsweiler.

KÄMMERER, I. (1990): Die Wirksamkeit der Konfrontation
im Katathymen Bilderleben bei der Behandlung kindlicher
Phobien. In: LEUNER, H.; HORN, G.; KLESSMANN, E. (Hg.):
Katathymes Bilderleben mit Kindern und Jugendlichen.
München, S. 123–127.

LUGT-TAPPESER, H.; SCHÄFER, H.; SCHEIBLECHNER, H.;
FRANZEN, U. (1994): Das Aufgabenwahlverhalten hoch-
und niedrig-ängstlicher Vorschulkinder nach einer Erfolgs-
bzw. Mißerfolgssituation bei einem Computerspiel. In:
Zeitschrift für Entwicklungspsychologie und Pädagogische
Psychologie, 26, S. 132–151.

LUGT-TAPPESER, H.; TRUDEWIND, C.; SCHNEIDER, K. (1992):
Die Marburger Angstzeichenliste. Ein Beobachtungsver-
fahren zur Erfassung der Ängstlichkeit im Vorschulalter.
Bericht aus dem Fachbereich Psychologie der Universität
Marburg. Marburg.

PETERMANN, U.; PETERMANN, F. (2009): Training mit sozial
unsicheren Kindern. Weinheim.

SCHLUNG, E. (1987): Schulphobie. Kritische Sichtung der
Literatur zu Erscheinungsformen, Entstehungsbedingungen
und Behandlungsmöglichkeiten bei schulphobischem Verhalten. Weinheim.

TUSCHEN-CAFFIER, B.; KÜHL, S.; BENDER, C. (2009): Soziale
Ängste und soziale Angststörung im Kindes- und Jugendalter. Ein Therapiemanual. Mit CD-ROM. Göttingen.

WALTER, H.-J. (1993): Verhaltenstherapie bei multiplen
Kinderängsten. In: PETERMANN, F.; PETERMANN, U. (Hg.):
Angst und Aggression bei Kindern und Jugendlichen. Mün-
chen, S. 151–159.

▬ ▬ Entspannungs-CDs für Kinder

ZUR KONZENTRATION – ENTSPANNUNGS-CD: Mit Instrumentalmusik zur
Entspannung, Verlangsamungsliedern sowie Musikstücken für
meditative Tänze.

ZUR RUHE – ENTSPANNUNGS-CD: Mit Instrumentalmusik zur Entspannung und Verlangsamungsliedern. Kann auch als Gutenacht-CD
verwendet werden.

Die beiden CDs ergänzen sich und enthalten keine Überschnei-
dungen. Jede CD kostet 12,90 Euro (Versandkosten für Deutsch-
land sind enthalten, in andere Länder kommen noch 3 Euro

Versandkosten pro Sendung dazu). Zu bestellen auf Rechnung bei Volker Friebel (Post@Volker-Friebel.de).

Weitere Materialien ▶ www.entspannung-plus.de
Fantasiereisen finden sich dort, Stillemomente, Entspannungsgeschichten, Lieder. Und das Angebot der beiden Autoren für eine Ausbildung zur Entspannungspädagogik für Kinder.

Anja Freudiger
Ich wär so gern auch abends groß
Alleine schlafen ohne Angst
Kids in balance
ISBN 978-3-86739-069-9
28 Seiten, 12,95 Euro/22,90 sFr

Alleine schlafen ohne Angst
Lauri möchte abends nicht ins Bett, schon gar nicht in ihr eigenes,
weil sie in der Dunkelheit ja von Monstern gefressen werden
könnte. Dieses Kinderbuch zeigt in bezaubernden Bildern, wie die
Mutter es schafft, mit ihr zusammen diese Ängste zu überwinden.
Denn statt lange mit Lauri zu diskutieren, warum keine Geister,
Monster oder Hexen in ihrem Zimmer sein können, führt sie
Lauri behutsam an das Einschlafen in ihrem eigenen Bett heran.
Nach kurzer Zeit gewöhnt Lauri sich daran allein zu schlafen und
ist am Ende sogar stolz darauf, dass sie nun auch abends groß ist.
Anja Freudigers Vorlesegeschichte setzt eine einfache, aber
erfolgreiche Methode um, wie sie auch in der Therapie von
Ängsten zum Einsatz kommt.

Gabriele Matuszczyk, Jürgen Wolf, Uwe Britten

Der Elterncoach

Aus der Online-Beratung mit Jugendlichen

ISBN 978-3-86739-054-5

272 Seiten, 16,95 Euro / 27,50 sFr

Wenn Kinder flügge werden

Dieser Ratgeber kommt direkt »aus dem Leben«, nämlich aus der
Online-Beratung der bke (Bundeskonferenz für Erziehungsberatung).
Die Fragen und Probleme der Kinder und Jugendlichen haben
die Themen vorgegeben, zu denen Experten Stellung nehmen. Es geht
um das eigene Selbstwertgefühl, um die Beziehung zu den Eltern,
um Sexualität, Schule, Aussehen, Kleidung, aber auch um ernste
Probleme wie selbstverletzendes Verhalten, Essstörungen, Drogen und
häufig die Frage nach dem Sinn des Lebens.
Der »Coach« hilft Eltern durch alle schwierigen Phasen, die sich beim
Flüggewerden ihrer Kinder ergeben. Es finden sich viele Anregungen,
immer wieder auftretende Missverständnisse aus dem Weg zu räumen
und sich gegenseitig mehr Verständnis und Vertrauen entgegen-
zubringen

BALANCE buch + medien verlag

Ursulaplatz 1 · 50668 Köln · Telefon 0221/167-989-15
www.balance-verlag.de · mail: info@balance-verlag.de